最高の工事写真の撮り方

写真・著
中野 裕

JN090751

令和改訂版

国土交通省
デジタル写真
管理情報基準
準拠

建築・土木工事にかかわるすべての人に。
工事写真の基本から最新の動向までを
写真とイラストでやさしく解説。

X-Knowledge

はじめに

私が写真を撮り始めて半世紀、工事写真を撮り始めてからも、35年が過ぎようとしています。その間、さまざまな工事現場を見てきて感じることは、日本の土木・建築技術の高さです。仕事柄、世界中を旅する機会に恵まれていますが、旅先で工事現場を見る度にあらためて日本の技術の高さに気付かされ、誇りを感じています。

日本の技術力を支えているのは日本人の気質と充実した仕様書、そして工事写真ではないでしょうか。日本人の気質については今さら説明する必要はないでしょう。どんな現場でも露骨にサボる作業員を見たことがありませんし、どんな仕事にも作業員の意地と誇りを感じます。

驚くべきは「仕様書」です。過去の経験に裏打ちされたノウハウの蓄積であり、釘1本の素材にも明確な指示がある厳密な仕様書は、それ自体が財産であり、安全で質の高い成果物をつくるための「虎の巻」といっても過言ではないでしょう。

「工事写真」は工事の精度を検証し担保する重責を担っています。作業の節目節目に写真を撮り、仕様書の内容と照らし合わせ、工事が正しく行われているかを写真で検証するというのは、素晴らしく合理的な方法です。やたら文章に頼りがちな日本にあって、写真の力を正しく利用した画期的なシステムだと思っています。

余談になりますが、写真に撮られた料理は美味しく、女性は美しくなると言われています。これは工事現場にも当てはまることで、写真が

撮りやすい現場は事故が少なく、成果物も素晴らしいということがあります。写真が撮りやすいということは工事現場がきれいに整理整頓されており、どんなアングルでも余計なものが写りにくいということです。もともと、整頓が行き届いていた工事現場だったのか、それとも写真を撮るために整頓されたのかはどちらもよいことです。結果的に工事現場がきれいに整えられていることが重要なのです。これは、写真を撮ること自体が、工事をよりよいものにしているという証左なのではないでしょうか。

　工事といえば、事故をいかに防止するかが大切な課題です。事故は想像力の欠如によって生じるというのが私の考えです。私たちが地球上に住む以上、地震や津波などの自然災害は避けられません。しかし、事故は防げるものだと思います。「もし大きな地震が来たら……」「もし、ワイヤーが切れたら……」などと想像することができれば、事前に対策できます。近隣には、工事の音で辛い思いをしている病人やお年寄りが住んでいることを想像できれば、仕事が丁寧になり、騒音も低減できるものだと思います。

　私にできることは、効率よく目的の写真を得るためのテクニックを紹介することだけですが、その背景には「日本の土木・建築技術を高めたい」という思いがあります。この素晴らしい財産を後世に残すこと、そして、世界に広めることを念願しています。

中野　裕

CONTENTS

005

デザイン KINDS ART ASSOCIATES
イラスト 高松良己
印刷・製本 シナノ書籍印刷

工事写真は何のために撮るのか？

工事写真にもいろいろあります。

撮っているうちに、そして本書を読んでいる間に
気持ちがブレないように、
「何のため」に撮るのかをはっきりさせておきましょう。

→ 045ページ

目的1　公共工事提出用写真

　公共工事であれ民間工事であれ、提出が求められる写真は、すべて「証拠」のための写真です。したがって、客観的な立場から分かりやすい証拠写真を撮る必要があります。具体的には、「いつ」「どこで」「誰が」「何のために」「どのような」工事をしたのかをもれなく写し取ることです。

　くわしくは本編で説明しますが、大切なことは誰が見てもよく分かる写真を撮ることです。そのためには、写真の基本的な知識と技術、工事の全体像を把握し、具体的な説明内容を理解して撮影することが求められます。工事現場はまた、刻々と変化していきます。しかも、撮影のタイミングは往々にして工事が最も忙しいときにやってきます。取りこぼしなく撮影するには、あらかじめ撮影するタイミングや場所などを確認しておき、撮影責任者を明確にしておく必要があります。

目的2 技術を伝えるための工事写真 → **081**ページ

技術の伝承とは本来、師弟関係において、その意義や哲学をも含め、深い愛情と共に伝承されていくものだと思います。筆者も職人の端くれとして切にそうあってほしいと願っています。技術者や職人さんが苦労して身につけた技術をそうやすやすと真似られてたまるか、という気持ちも理解できます。しかし、現在ではそうもいっていられなくなりました。

技術者や職人さんにとって簡単な作業や技術だとしても、誰もが簡単にまねできることではありません。これから後を引き継ぐ若い人たちのために、技術者や職人さんの生きた証を残すためにも、その素晴らしい技術を写真にして残しておきましょう。

不思議に思われるかもしれませんが、写真には単なる資料としてではなく、撮影者の「気持ち」が写ります。その写真を見る次の世代の技術者や職人にとって、それらの写真はきっと、大切なものになることでしょう。

007

設計者が愛情を込めて手がけた作品も、最終的には建て主に引き渡され、他人のものになってしまいます。親が子供の成長記録を撮影してアルバムにまとめるように、自身の作品が立ち上がって成長していくさまを設計者自身の手で写真に残しておけば、自身の設計の大切な記録になります。

元の敷地がどのような状態であったのか、測量のための最初の杭が打たれるときから、基礎をつくり、建て込みが始まり、どんどんでき上がっていく過程は、苦労と喜びが入り交じったものになるでしょう。少しだけ悲しいのは、苦労した部分が完成したときには隠れてしまうことです。そんな場所は写真に撮って残しておきましょう。建て主にとっても嬉しい写真になるはずです。

設計者の情熱と愛情を写真によって記録しておきましょう。

chapter 1

工事写真の
基本

工事写真用デジカメの選び方・使い方

言うまでもなく、カメラは道具です。
道具である以上目的を持ってつくられています。
目的に合った正しい道具選びをして、上手に使いましょう。

デジカメ選びは目的に合わせて

デジカメはほかの道具と同じように、すべてが二律背反する関係で成り立っています。例えば、写りのよいレンズは物理的に大きく・重たくなります。ズームレンズは便利ですが、明るさとボケ味に問題があります。大きな撮像素子（☞12ページ）を搭載すれば、感度が上がり、解像度（☞12ページ）も増しますが、大きく・重たいデジカメになります。

すべてを満足させるオールマイティーなデジカメなど存在しませんから、目的に合わせて「ちょうどよい」ものを選ぶことが大切です。

ハイヒールを履いて山に登らないように、工事の内容、撮影の目的、自身の撮影技術等に合わせて――おっと、予算のこともありますよね――ちょうどよいデジカメを選びましょう。

あれもこれもと欲張ってはいけません。お祭りで買った十徳ナイフがあまり役に立たないように、家族旅行用と工事写真用デジカメを一緒に考えてはいけません。工事写真をなめないように。プロらしく、割り切って選ぶ心意気を持ちたいものです。

家族

仕事

趣味

デジカメは撮影の目的をはっきりさせて、あれこれ欲張らずに、割り切って選びましょう

工事専用デジカメ

工事写真を撮るには工事専用デジカメが最適です。広角レンズを搭載し、ボタン類が大きく軍手を付けたまま操作できるなど、工事写真を撮るためのさまざまな工夫が施されています。

何より、防塵・防水性、耐ショック性能を持っていますから、ほこりっぽい現場や雨の日でもデジカメを気にすることなく撮影に専念できます。

デジタル一眼／ミラーレス一眼

デジタル一眼レフカメラやミラーレス一眼レフカメラ（以下、デジタル一眼）の最大の魅力は、レンズを交換できることです。レンズを使い分けることで、あらゆる撮影条件下でも、高品位な写真を撮ることができます。ピント、露出、解像度などすべてにおいて、写真の質は高くなります。近年では、防塵・防水対策が施されているカメラも登場し、現場でも使えるようになりました。

コンパクトデジカメ

小型・軽量のコンパクトデジカメでも、比較的高画質な写真を撮ることができます。写りそのものは工事専用デジカメと同じですが、ボタン類が小さく、軍手作業の最中にはイライラするかもしれません。

また、防塵対策が施されていないので、現場で使うとすぐにボロボロになります。

スマートフォン・タブレット端末

スマートフォンやタブレット端末に内蔵されているカメラは性能も良くなり、充分な解像度を持つようになりました。

もちろん、それらは通信機器ですから、最大の魅力はリアルタイムに写真を共有できることです。現場の判断を他者に委ねるときなどに、大いに役に立ちます。

デジカメ選びの基礎知識

自分の用途に必要なデジカメを正しく選ぶには、どうしても知っておかなくてはならない用語があります。これが分からないと、自分の用途に合ったデジカメかどうか分からないからです。お店に行く前に、ここで紹介する用語だけは覚えておきましょう。

撮像素子（イメージセンサー）

従来のカメラは銀塩感光材料（フィルム）を使って画像を記録していましたが、デジカメは、フィルムの代わりにCCDやCMOSと呼ばれる「撮像素子」で画像を取り込みます。

この小さな素子に、何十万ものセンサーが埋め込まれています

画素（ピクセル）

撮像素子は格子状に細かく区切られていて、その細かなひと区切りを「画素」または「ピクセル」と呼びます。写真は、その小さな画素の集合体で、画素数が多いほど詳細な写真になり、大きくしても観賞にたえることができます。

1つひとつのセンサーには、カラーフィルターが付いていて、撮影時に色を分解し、撮像エンジンが色を補完して1枚のカラー写真に組み上げます

画素数

格子状に区切られた撮像素子の縦と横のマスの数をかけたものが総画素数です。例えば、縦768、横1,024の画素を持つ撮像素子の画素数は786,432画素となり、約80万画素（8メガ・ピクセル）の撮像素子ということになります。

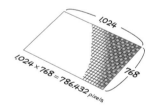

タテヨコの格子の数をかけたものが総画素数です

解像度

解像度とは分解能のことです。どれだけ細かい線や点を認識・再現できるかを表します。

「プリント解像度」という場合は、「単位密度」を表すことが多く、例えば、1インチの長さにどのくらい点が打てるかを示すdpi（ドット・パー・インチ）などの単位で表します。一方「カメラの解像度」という場合、少々ややこしく「画素数＝解像度」と決めつけられるほど単純ではありません。

確かに、画素数が多いほど、解像度は高まる傾向

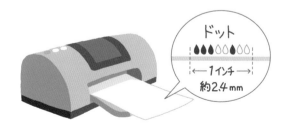

プリント解像度は、1インチ（約24mm）の中にどれだけ小さな点（ドット）を打てるかを「dpi」で表します

にありますが、1,600万画素のカメラより、1,000万
画素のカメラの方が鮮明に写る場合もあります。カメ
ラの解像度は、レンズの性能や信号処理など、総合的
な要素が組み合わさって決まるので、現在では、細い
線が何本写るかを示す、CIPA基準が設けられました。
https://www.cipa.jp/dcs/hyres/parts/TCPF_220309_j.pdf

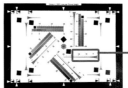
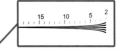

統一したチャートを撮影し、実
際に何本の線を読み取れるか
を測定します。例では、8と10
の間くらいで線を読めなく（分解できなく）なっているので、画
像の垂直方向に900本以上の線を解像できることが分かり
ます

F 値

　F値はレンズの焦点距離を有効口径で割った値で、
レンズの明るさを示します。例えば、焦点距離28〜
56mmのズームレンズの場合、有効口径が10mmな
ら、28mm側でF2.8、56mmではF5.6になります。
カタログで表示されているのは「開放F値」で、レンズ
の最も明るい状態を示しています。

■F値＝焦点距離(f)÷有効口径(mm)

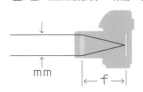

レンズの有効口径とはレンズ
に水平に入る光束の幅
で、焦点距離とは撮像素子
までの距離です

013

画 角

　画角（写る範囲）は、撮像素子のサイズとレンズの
焦点距離の関係で決まります。同じサイズの撮像素
子であれば、焦点距離が短ければ短いほど広角に、
長ければ長いほど望遠になります。

　通常、「画角」という場合は、写る範囲の対角長を
角度に換算した「対角画角」を用いますが、デジカメ
は、縦横比（アスペクト比）が異なる機種が多く存在
するため、「水平画角」を使うこともあります。

　撮像素子のサイズが異なるデジカメの画角を感覚
的に統一させるために、35mmフィルムカメラの画
角に換算して、「50mm相当」や、「28mm相当」画角
などと表記することが慣例になっています。本書も画
角については、35mmフィルムカメラのサイズ（24×
36mm）に換算した焦点距離で示すことにします。

　35mmフィルムのサイズを「フルサイズ」と呼ぶこ
ともあります。工事写真には、フルサイズに換算し
て、つまり35mmフィルムカメラの画角に換算して
28mm相当以下の画角を持つ広角レンズが必要で
す。

■対角画角　　　　　■水平画角

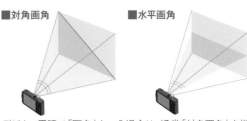

デジカメ用語で「画角」という場合は、通常「対角画角」を指
します

■デジタル一眼の焦点距離と画角
フルサイズ（35mmフィル
ムサイズ）の撮像素子を
搭載したデジタル一眼の
焦点距離と画角は35mm
フィルムカメラと同じで
す。一方、APS-Cサイズ
の場合、1.5〜1.6倍して
換算する必要があります

28mm

画角は
同じ

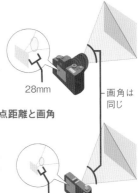

■コンパクトデジカメの焦点距離と画角
小さな撮像素子は相対的
に焦点距離が短くなりま
す。実際には5mmの焦点
距離でも、フルサイズに換
算して28mm相当（の画角
を持つレンズ）と表記され
ます

5mm

画素数と写真の大きさ

工事写真にはどのくらいの大きさが求められるのでしょうか。目的別に考えてみましょう。

公共工事の提出用写真の場合

発注者は、膨大な量の写真を保管し、チェックしなければなりませんから、あまり大きい写真は困ります。さりとて、小さな写真では何か事故が起こったときに詳細を調べることができません。「ちょうど良い大きさ」というのは、受・発注者の事情や、時代（テクノロジーとそれを取り巻く環境）によっても異なるでしょう。

デジタル写真の大きさについては、平成27年3月に、「写真管理基準（案）」が整備され、「有効画素数は小黒板の文字が判読できることを指標とする。縦横比は3：4程度とする。（100万画素程度〜300万画素程度＝1,200×900程度〜2,000×1,500程度）」となりました。

作品写真の場合

作品写真は、大きければ大きいほどよいので、デジカメの持つ最大画素数で撮りましょう。

印刷で使う場合

ただ単に見るだけであれば、最小サイズで十分ですが、プリンタで印刷する場合は最低でも100万画素は必要です。

プリントサイズ

モニターで見ている大きさは72〜96dpiで、高画質プリンタは180〜240dpi。つまり、プリントすると、モニターで見ている大きさの1/3程の大きさにしかなりません

※高画質でプリントする際の大まかな目安。本図は原寸ではありません

ハガキサイズ（148×100mm）

サービスサイズ（L判：127×89mm）

名刺サイズ（91×55mm）

画素数 少ない ← 35万画素　100万画素　200万画素

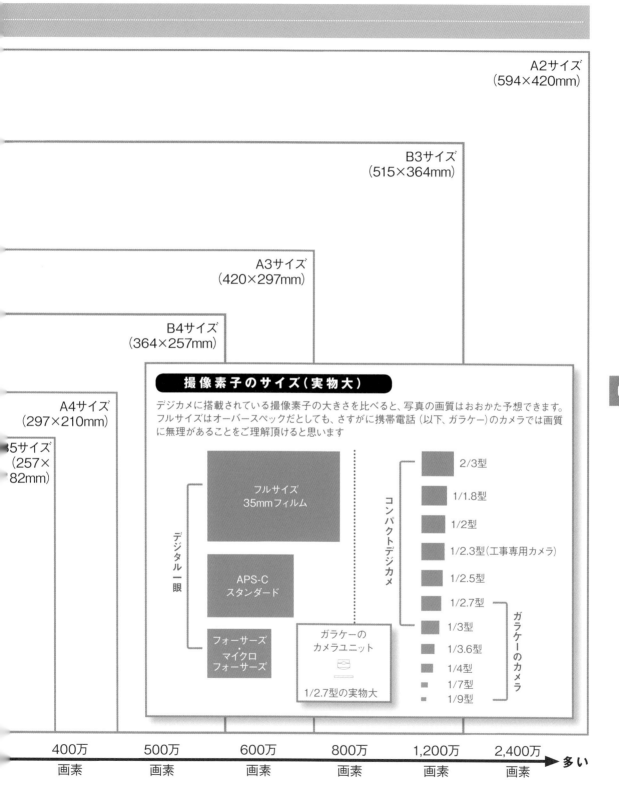

A2サイズ
（594×420mm）

B3サイズ
（515×364mm）

A3サイズ
（420×297mm）

B4サイズ
（364×257mm）

A4サイズ
（297×210mm）

B5サイズ
（257×
182mm）

015

撮像素子のサイズ（実物大）

デジカメに搭載されている撮像素子の大きさを比べると、写真の画質はおおかた予想できます。
フルサイズはオーバースペックだとしても、さすがに携帯電話（以下、ガラケー）のカメラでは画質
に無理があることをご理解頂けると思います

デジタル一眼

フルサイズ
35mmフィルム

APS-C
スタンダード

フォーサーズ
マイクロ
フォーサーズ

ガラケーの
カメラユニット

1/2.7型の実物大

コンパクトデジカメ

2/3型

1/1.8型

1/2型

1/2.3型（工事専用カメラ）

1/2.5型

1/2.7型

1/3型

1/3.6型

1/4型

1/7型

1/9型

ガラケーのカメラ

400万
画素

500万
画素

600万
画素

800万
画素

1,200万
画素

2,400万
画素

→ 多い

カメラの構え方

カメラの構え方に決まりはありませんが、シャッターを切るときにカメラが動かないようにするのが最大のポイントです。カメラを包み込むようにホールドし、身体全体を使ってカメラを安定させましょう。

特に、液晶モニターを見ながら撮影する場合はカメラが身体から離れるので、カメラが不安定になり、手ブレ（カメラブレと同義語）しやすくなります。脇を軽く締め、カメラを両手でしっかりと包み込むようにホールドしましょう。

スマートフォンの場合

スマートフォンはタテ位置優先で作られているのでタテ位置のホールディングは比較的簡単です。脇を軽く締め両手でホールドしましょう。意外と難しいのがヨコ位置です。機種によってレンズの位置が異なりますが、不用意に持つと指がレンズに掛かってしまうので、レンズやフラッシュの光学部分の邪魔にならないよう、左手はL字になるようにすると良いでしょう。コンパクトカメラの持ち方も参考にしてください。

■スマートフォンも両手で構える
天気のよい戸外では、自動的にシャッター速度が速くなるのでさほど心配することはありませんが、曇りの日や屋内ではキチンとカメラを構える必要があります。片手撮りはもってのほか。両脇を締めて両手でホールドしましょう

■ヨコ位置は左手をL字に
カメラを安定させ、光学部分に指が入らないように、左手はL字に

■1度バンザイしましょう
軽く小さいカメラの方がブレやすいのは、カメラの持ち方がいい加減になるからです。しっかりとしたホールディングを心がけましょう。しかし、あまり力が入ってもいけません。肩に力が入ると、カメラが小刻みに震えてしまいます。そんなときには、1度バンザイしましょう。肩の力が抜けて、カメラがグッと安定します

タブレット端末の場合

タブレット端末でも考え方は同じです。ディバイスそのものを安定させることと、シャッターボタンをタップする際に、シャッターボタンの真裏に指をあてがっておくことです。

タブレット端末は、ガラケーやスマートフォンより大きいので、持ち方にはいろいろなバリエーションが考えられます。自分なりにしっくりくる持ち方を選んでください。

レンズの位置

■**タテでもヨコでも、シャッターボタンは挟むように**
左手の持ち方は自由で構いませんが、右手には決まりを作っておいた方が良いでしょう。タテでもヨコでも、親指はシャッターボタンの近くに置き、その真裏には人差し指を。タテ・ヨコを切り替えるときには、その指を中心に回転させるとカメラも構図も安定します

補足解説 **工事写真専用タブレット**

工事専用に開発されたタブレットもあります。i-Construction：アイ・コンストラクションの流れに沿って、これからも活躍することでしょう（☞120ページ）。

蔵衛門Pad

補足解説 **携帯カメラ（ガラケー）の場合**

ガラケーのカメラに使われている撮像素子は非常に小さく、マッチ棒の頭くらいしかありません（☞15ページ図）。カメラが動くと相対的に移動距離が大きくなり、ブレが強調されます。ガラケーこそ手ブレに注意が必要です。
ガラケーは、スマートフォンと同様にタテ位置優先に作られています。ヨコ位置が多い工事写真では、ヨコ位置のホールディングに慣れておきましょう。左手の指で日陰を作るのがポイントです。

カメラの構え方

工事専用デジカメ・コンパクトデジカメの場合

カメラを「わしづかみ」してはいけません。それは「手」に力が入っている証拠です。力を入れるのは、手ではなく「脇」です。手は、カメラを包み込むだけで、あまり力を入れないようにしましょう。

タテ位置に構えるときには、フラッシュが上にくるようにします。すると必然的にシャッターレリーズボタン（以下、シャッターボタン）は下になりますが、そのシャッターボタンを人差し指で押してはいけません。シャッターボタンには、親指の腹を当て、カメラと握手をするように、右手全体を絞り込むようにします。

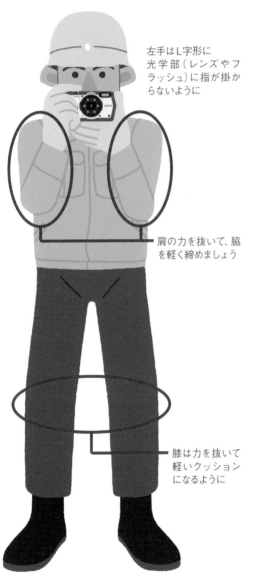

左手はL字形に
光学部（レンズやフラッシュ）に指が掛からないように

肩の力を抜いて、脇を軽く締めましょう

膝は力を抜いて
軽いクッションになるように

明るいところでも液晶モニターがよく見えるように、左手の平でひさしをつくります

脇がだらしなく開かないようにカメラを引きつけるように脇を軽く絞りましょう

タテ位置

脇が開かないように

肘を身体に密着させ、脇を軽く締める

脇が開かないように人差し指でシャッターを切るのは、少々無理があります。親指を使いましょう

デジタル一眼の場合

　デジタル一眼を構えると、ある程度重量があるので自然に脇が閉まります。また、シャッターボタンの位置はカメラに対して垂直ではなく手首に向かってストロークできるように設計されています。人間工学に基づいて工夫されてきた結果です。しかし、全体のホールディングが悪いと、せっかくの工夫も水の泡。自然に持った状態でカメラがしっくりと安定するように、ちょっとだけ練習してみましょう。

軽く脇を締めることが大切です。あまり強く締めるとかえって小さなブレが生じます。「緊張しているな」と思ったら、1度バンザイをして仕切り直ししましょう

重心を腰に置くことを意識しましょう。歩くときも、身体の向きを変えるときも腰を中心にすると安定します

足は肩幅程度に開き、膝を軽くクッションにします。30cmくらいの高さの台から飛び降りたときの状態をイメージしてください

望遠レンズや高倍率ズームは「レンズウエイト」です。重心がレンズ側にありますから、そこを手のひらの付け根で支えます

「ボディウエイト」の短いレンズは、カメラボディを包み込むようにホールドします

これが最悪の持ち方です。脇が開き、カメラが不安定になるだけでなく、ズーミングとフォーカシングを同時に行えません

図では足が平行になっていますが、左右どちらかの足を少し前に出す方がよいという意見もあります。これは人によって違うでしょうが、いずれにせよ、「手持ち」にならないように、「腰」に重心を集中させることが大事です

悩ましいのはタテ位置のホールディング。速射性を求めると左側、安定性は右側に軍配が上がります。筆者はフィルム巻き上げレバーがなくなった今日、右側の持ち方を支持しています。シャッターボタンには親指をかけます

シャッターの切り方

日本語では、シャッター（ボタン）を押す、と表現されていますが、これは翻訳の誤りです。原語（英語）ではシャッターをレリーズ（開放する）するために、シャッターボタンをスクイーズ（絞り出す）しなさい、と表現されています。

つまり、シャッターボタンは押すのではなく、絞り込むことが大切なのです。

戦争時代の射撃要領に、「夜露ニ霜ガ降ルガゴトク引金ヲ引キ」とありますが、カメラにもまったく同じことがいえます。押せば必ずカメラが動きますから、シャッターボタンを押さずに絞り込む感覚でスクイーズしましょう。

スマートフォンの場合

「タップ」するとは、「軽く叩く」という意味ですが、叩いてはダメです。写真撮影においては「軽く触れる」と解釈してください。勢いよくタップする（叩く）と必ず手ブレが起こります。呼吸を整え、親指をシャッターボタンに滑らせる要領です。たとえ連写モードになっていても、不要な写真は後から消せば良いだけなので、慌てて指を離さないようにしましょう。

ちょうど、ゴルフのフォロースルーのように、シャッターが切れても一秒くらいはそのままの状態を保っておくことが大切です。

親指を「滑らせる」要領でシャッターボタンに触れましょう

シャッターボタン

カメラもゴルフもフォロースルーが大切です。インパクトの後も、そのまま姿勢を保ちましょう

補足解説 **携帯カメラ（ガラケー）の場合**

フリップ式のガラケーで上手に撮るポイントは、シャッターが開いているとき、カメラが動かないように工夫をすることです。

例えば、トリガーキー（シャッターボタンになるキー）の真後ろに指をあてがい、親指と挟み込むようにしたり、「セーの」で撮るときは呼吸を整えて勢いよく「押さない」ようにしましょう。

トリガーキーの真後ろに人差し指をあてがい、挟み込むようにしましょう

タブレット端末の場合

天気の良い日はさほど気にすることはありませんが、室内や暗いところではピントも合いにくく、ブレていることが大きなモニターで、撮影中にも分かります。

「タップ」する要領はスマートフォンと同じですが、ディバイスが大きく、身体から離れるので、より慎重なホールディング（☞25ページ）が求められます。シャッターを切る瞬間に呼吸を整えることが重要です。

スマートフォンと同様に、シャッターボタンの裏側に指を添えておきましょう

指で押すと必ずブレます

補足解説 リモコンを利用する

スマートフォンやタブレット端末はリモコンが使えるものもあります。専用に用意されたものもあれば、アプリをインストールして使うタイプもあります。

何かの上に置くなどして、ディバイスを動かないようにしましょう。そしてリモコンを使えば手ブレは起こりません。リモコンは、用意しておけば何かと便利です。

ピッ

補足解説 カブリ(布)を使う

どのデジタルディバイスにも言えることですが、天気の良い日はモニターがはっきり見えなくなります。一眼レフカメラは光学式のファインダーが役に立ち、コンパクトデジカメやスマートフォンなどは、即席に手のひらでひさしを作るなどして対応できますが、タブレット端末はモニターが大きいのでどうにもなりません。

そんなときのために、遮光性がある黒い布を一枚用意しておきましょう。ちょっと格好悪いのですが、効果は絶大です。

シャッターの切り方

工事専用デジカメ・コンパクトデジカメの場合

　オートフォーカスカメラを使う場合、「シャッターボタンの半押し」状態を安定させることが、ピンボケを防ぎ、手ブレを抑える最大のポイントです。

　シャッターボタンは2段式になっています。図のS1はシャッターボタンの半押し状態で、測光や測距など、撮影の準備が整った状態。そこからさらに深く押し込むとS2に入りシャッターが開きます。上手に写真を撮るためには、シャッターボタンの半押し状態（S1）を安定的に保つことがとても重要です。

無操作状態	

半押し状態	S1
AE（自動露出）・AF（オートフォーカス）作動	

全押し状態	S2
シャッターが切れる	

ヨコ位置

　シャッターボタンを「押す」と必ずブレます。右手全体で「絞り込む」感覚で静かにシャッターを切りましょう。シャッターが切れる少し前に、ファインダーや液晶モニターに変化が起こったときが「半押し」の状態です。

タテ位置

　タテ位置では無理せず親指を使いましょう。そのときも「押す」のではなく、握手をするように人差し指と中指で「絞り込む（挟み込む）」ようにします。

悪い例

指立ち
シャッターボタンに掛ける指が立っていてはいけません。ブレの原因をつくります

一気押し
一気に押し込んではいけません。AE・AFロックが掛からないばかりか、必ずブレます

指放し
シャッターが切れた後も、1秒くらいはそのままにしておきましょう

ショート・セルフを活用する

通常のセルフタイマーは、記念写真用に約10秒後にシャッターが切れるように設定されていますが、シャッターボタンを押した後、約2秒後にシャッターが切れる「ショート・セルフ」タイマーを搭載しているデジカメもあります。デジカメを安定した場所に置きこのショート・セルフを使えばシャッターが開いているときにデジカメに触れなくてすむので、デジカメは動かず、ブレ防止に役立ちます。

シャッターボタンを押したら
デジカメから手を放します

デジタル一眼の場合

どのデジカメで撮影するときにも言えることですが、シャッターの切り方で最も大事なコツは、自分の呼吸を感じることです。ゆっくりとした呼吸を意識できれば、すでに身体とカメラはかなり安定しています。浅い呼吸の中で、軽く息を吐いたときに、軽〜く息を止めましょう。

デジタル一眼の場合、右手のひらはカメラグリップをまんべんなく包み込むようにします。ちょうど卵を握る感じです。そのとき、人差し指が立ってはいけません。シャッターボタンには指の腹（指紋の中心）をあてがいます。力を入れるのは人差し指ではなく小指です。小指を引き絞る感覚で右手全体を絞り込めば、半押し状態が楽に保てるだけでなく、カメラを動かさずにシャッターをレリーズできます。

右手は卵を包み込む感じ。小指を引き絞る感覚でスクイーズしましょう

補 足 解 説 **ストラップはひじの高さに**

ストラップは、カメラがひじの高さになるように調整しましょう。これは工事用デジカメでもデジタル一眼でも同じです。長すぎるストラップは扱いにくいだけでなく、工事現場などでは何かに引っかかり危険です。また、カメラがベルト位置に来ると、ベルトのバックルでモニターが傷つきます。自分の安全のためにもカメラのためにも、ストラップは正しく調節しましょう。

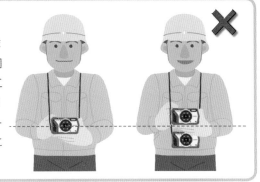

ブレない工夫が写真のデキを決める

写真の敵は「ブレ」です。一見ピンボケに見える写真も、拡大して見ると、細かくブレていることが多いものです。最近では、手ブレ防止機能を持った、便利なデジカメやレンズも登場してきましたが、便利なものには動作が遅くなるなどの副作用がつきものです。そんな装置を使っても使わなくても、ブレないように写真を撮ることを1番に考えましょう。

ブレないためには三脚が1番

ブレを防ぐには三脚が1番です。三脚を使えばブレの問題は一気に解決します。筆者はさまざまな工事現場に出向きましたが、三脚を使っている現場はほとんどありませんでした。唯一使っていたのは、トンネル内の現場だけです（このことは68ページでお話ししましょう）。

使わない理由は、「三脚を使うことを思いつかない」「持っていない」「面倒」と、いうものでした。確かに、三脚を使うのは面倒に思えるかもしれませんが、効果は絶大です。「暗いところや屋内」「フラッシュが使えない、フラッシュが届かない」「望遠レンズを使うとき」などには、積極的に使うようにしましょう。使い慣れればそれほど面倒ではありませんし、写真の質が確実に向上します。

また、三脚を立ててからあれこれアングル（撮影する角度・位置）を探す人がいますが、順序が逆です。最初にアングルを決めた後、三脚を立てましょう。

❶最初にベストアングルを探します

❷アングルが決まったら、カメラ位置から握り拳分上に雲台を持ち、三脚を伸ばします

❸三脚の足を広げたら、エレベーター（中央のシャフト）を使って、正しい位置にセットします

❹雲台の固定具を緩め、カメラを取り付けます

❺ファインダ（モニター）を覗きながら、水平に気をつけて構図を決めます

補足解説

三脚は「クイックレバー」式のものをおすすめします。設営も撤収も楽です。

三脚なしでもできるブレない工夫

置く場所がなかったり現場に持っていくのを忘れてしまったりして三脚が使えない場合は、自分の身体や身近にあるものを使ってできるだけブレないように工夫しましょう。

繰り返しになりますが、ブレない写真を撮る要点は、シャッターが開いているときに、デジカメが動かないようにすることです。

シャッターを切る瞬間、息を吐いてそのまま軽く息を止めておくのがコツですが、そのほかにもちょっとした工夫を加えることで、結果は大きく変わります。

一脚

三脚が無理なら、せめて一脚を使いましょう。1本足でも、効果は絶大です

棒乗せ

身近なもので三脚の代用にします。棒の位置はシャッターボタンの真下です

寄っ掛かり

身体を何かに預けることでカメラブレは減少します。必ず安全を確かめて!

置き撮り

何かに置いて撮ればカメラブレは起きません。できれば23ページで解説している「ショート・セルフ」を併用しましょう

肘付き-1

右足の膝に右肘を乗せます。シャッターボタン・肘・膝・かかとが一直線になるようにします

肘付き-2

スマートフォンやタブレット端末でも要領は一緒です。モニターの大きいタブレット端末では、ブレている様子がリアルタイムに分かります。ゆっくり呼吸を整えると画面のブレも落ち着きます

肘付き-3

テーブルや身近な荷物などに肘を乗せるだけでカメラは安定します。ディバイスが軽く、比較的モニターが小さいスマートフォンでは、大いに利用したいテクニックです

工事用デジカメの
セットアップと使い方

デジカメを使うには、まずセットアップを。
セットアップはデジカメのメカニズムを理解しながら行うことが肝要です。
現場を想像しながら、デジカメのメカニズムを理解しましょう。

提出用写真のためのデジカメ選び

公共工事では、発注者がどこのメーカーのどのデジカメを使いなさい、ということはありませんし、あってはならないことです。どのメーカーのどのデジカメを使うかは全くの自由ですし、制約はありません。しかし、どのデジカメが適しているかというとかなり限定的になってしまいます。

以前は、コニカ(現コニカミノルタ)やフジフイルムなどからも工事専用デジカメが発売されていましたが、現在はリコーとオリンパスだけになりました。別段、これらのデジカメをお使いなさいと言うつもりはありませんが、工事写真には最も適しているので、今回はリコーのG900を使って、デジカメのセットアップと、工事写真の撮り方をご紹介したいと思います。

本書は、デジカメの取り扱いを説明する本ではありません。デジカメの詳しい取り扱いについては、デジカメ付属の使用説明書(マニュアル)をご参考ください。

もちろん、この項でご紹介するセットアップや使い方のほとんどは、一般のコンパクトデジカメでも同じようにできるはずです。お使いのデジカメの使用説明書を参照しながら、使い方をマスターしてください。

工事専用カメラの特長

■ショックに強い
耐ショック性に優れています。落としても壊れるリスクを減らすことができます

■ホコリに強い
防塵処理が施されています。ホコリっぽい現場でも安心して使うことができます

■水に強い
防水処理が施されています。どしゃ降りの雨の中でも平気で使うことができます

■軍手操作がラク
軍手を付けたままで操作できるように工夫されています

工事用デジカメのセットアップ

工事用デジカメを使う前に、必ず撮りたい提出写真に合わせてセットアップを行いましょう。デジタル一眼でもコンパクトデジカメでも同様に必要な作業ですが、公共工事の場合、写真の解像度や写真データをいじらないことなどが指定されているので、撮影後に修正することができません。取り返しがつかなくならないように、必ず確認しておきましょう。

キチンと日付を合わせましょう

現場写真では、撮影日時が最も重要な情報です。また、公共工事では「撮影年月日」の必要度が「◎」（必須記入）になっており、「撮影年月日」が入っていないものは、提出写真として受け付けないという厳しい内容です。デジカメに初めて電池を入れたとき、また、しばらくの間電池切れの状態が続いたときには、必ず日付を合わせておきましょう。

リコー G900の日付と時間の設定画面
※以降の操作画面はすべてはめ込み合成です

補足解説 **常にバッテリーを準備しておく**

デジカメは、電池がなければ何の役にも立ちません。電池を常に充電しておくこと。これだけは肝に銘じて頂きたい第一のことです。

工事用デジカメのセットアップ

画質とサイズを合わせましょう

土木の工事写真に適用される「写真管理基準（案）」では、「有効画素数は小黒板の文字が判読できることを指標とする。縦横比は3：4程度とする。（100万画素程度～300万画素程度＝1,200×900程度～2,000×1,500程度）」と定義されています。

リコー G900は画質とサイズを選択することができます。どの画質とサイズにするかは、監督職員と話し合って決めましょう。

CALSモード

工事用デジカメは国土交通省基準を満たす「CALS」モードを搭載しています。
出荷時のCALSモードは、「1M 4:3N ☆☆」に設定されていますが、目的に合わせて画質・サイズを設定することができます。

圧縮率とデータ量

※記録可能枚数は8GBのメモリーカードを使用したときの平均値

記録サイズ	アスペクト	画像サイズ(画素)	記録可能枚数(8GB)		
			☆☆☆	☆☆	☆
L	4：3	5184 × 3888	936	1616	2537
M	4：3	3648 × 2736	1858	3189	4917
S	4：3	2592 × 1944	3146	5900	8138
XS	4：3	2048 × 1536	4816	9077	11801
2M	4：3	1600 × 1200	7613	13112	16858
1M	4：3	1280 × 960	9077	15734	19668
VGA	4：3	640 × 480	33717	59005	78673

G900 はアスペクト（タテヨコ比）を、3種類から選ぶことができますが、本書では工事写真で主に使う、4：3 のみを記載します。また、1M と2M はCALS モード時のみに使用できます。
「☆☆☆」はファインモードで「低圧縮・高画質」、「☆☆」はノーマルで「中圧縮・中画質」です。☆☆（ノーマル）で充分な画質の工事写真が撮れます。青色部分が筆者おすすめモードです

130万画素でサービスサイズ（L判）、300万画素で2L判ぐらいの大きさでプリントできます。くわしくは、14・15ページをご参照ください

リコー G900の場合、セットアップメニューの「画質・サイズ」から、使いたいモードを選びます

「ＡＦ（オートフォーカス）」モードを決めましょう

リコー G900は複数のフォーカスモードを持っています。一般的な工事現場では、フォーカスモードは「標準」に。「AF（オートフォーカス）」モードは「マルチ（AF）」と「スポット（AF）」があります。フォーカスロック（☞34ページ）に慣れている人には「スポット」が使いやすく、そうでない人には失敗の少ない「マルチ」をおすすめします。

スポットAF

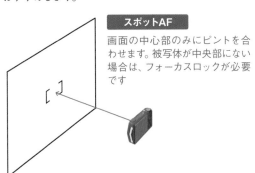

画面の中心部のみにピントを合わせます。被写体が中央部にない場合は、フォーカスロックが必要です

マルチAF

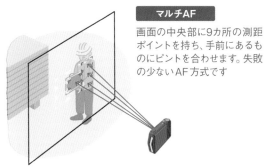

画面の中央部に9カ所の測距ポイントを持ち、手前にあるものにピントを合わせます。失敗の少ないAF方式です

「測光」モードを決めましょう

カメラが、どのように判断して露出を決めているのか、知っておく必要があります。本来は状況に応じて適切に選択するのが望ましいのですが、フォーカスロックに慣れている人には「中央（重点測光）」が使いやすく、そうでない人には「分割（測光）」をおすすめします。

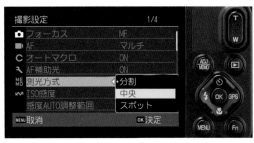

中央（重点測光）

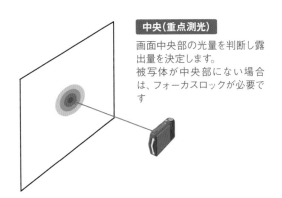

画面中央部の光量を判断し露出量を決定します。
被写体が中央部にない場合は、フォーカスロックが必要です

分割（測光）

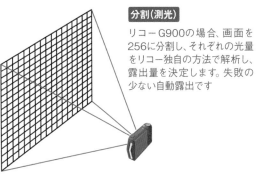

リコー G900の場合、画面を256に分割し、それぞれの光量をリコー独自の方法で解析し、露出量を決定します。失敗の少ない自動露出です

1 工事用デジカメのセットアップ

「感度」を決めましょう

感度を上げれば撮影条件がよくなり、ピンボケや手ブレなどの失敗を減らすことができますが、画質が悪くなります。逆も真で、撮影条件と画質は二律背反の関係にあります。感度の選択には経験が必要ですが、最初のうちは自動的に条件に合わせて最適化してくれる「AUTO」をおすすめします。

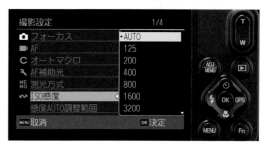

リコーG900のISO感度設定画面

「ISO感度」は、撮影状況と目的に合わせて正しい選択が必要ですが、「AUTO」にしておけばカメラが自動的に最適化してくれます

「ホワイトバランス」を決めましょう

光には「色」があります。太陽の下で撮っているときには気になりませんが、電球や蛍光灯などの人工光で写すときには、それぞれ光源の種類に合わせてホワイトバランスの調整が必要です。慣れないうちは、難しい調整を自動的に行ってくれる「オートWB」ホワイトバランスをおすすめします（☞37・40ページ）。

リコーG900のホワイトバランス設定画面

外の光、蛍光灯、電球など、光源が複数ある場合、正確に色再現できないことがあります。
「色」に厳密さを要求される場合は「M：マニュアルホワイトバランス」をお勧めしますが、通常は「オートWB」で十分です。くわしくは37・40ページで解説しています

デジカメの素晴らしいところは、撮ったその場で確認できることです。ちょっとでもおかしいなと感じたら、躊躇せずに撮り直ししましょう。

また、かなり難易度の高い撮影でも、その場で撮影の可否が判断できますから、臆せずにいろいろな撮影方法を試してみましょう。

スポットAFでのピントの合わせ方

重力式擁壁の出来形測定で、不可視部分（工事が完了すると埋め戻して見えなくなる部分）の確認撮影を行っています。擁壁高1,830mmのうち、1,000mm部分が不可視部分になるので、そこに添尺して分かりやすく示しています。
ここで使用されているリボンテープは、使い捨てのリボンテープシールです。常時貼り付けておけ、いつでも目視確認ができ、完成時、引き渡し時にはがせて跡も残りません

ピントを合わせたい部分に枠を合わせます

リコー G900はシャッターを「半押し」にしたとき、液晶画面に「緑色」の枠が出現し、ピントが合っていることを知らせてくれます

「赤色」のときは残念ながらピントが合っていません。もう1度やり直してください

明るくてよく見えないときには

まぶしいほどの明るい屋外で撮影するとき、液晶モニターが見えにくくなることがあります。そんなときは、手のひらでひさしをつくりましょう。

リコー G900の初期設定では、Fnボタンに「アウトドアモニター」機能が登録されています。この機能を使えば、日差しの強い屋外でもモニターがハッキリ見えます。

Fnボタン

撮ったらすぐに確認

　撮ったらすぐに再生ボタンを押して写真を確認しましょう。撮りたい範囲がキチンと写っているか、斜めになっていないか、余計なものが写り込んでいないかなど、じっくり確認して、納得いかないときにはすぐに撮り直しましょう。

　ピントや明るさ、色が合っていないときは『ピントが合っていないときは』（☞33ページ）、『明るい暗いの調整』（☞36ページ）、『色がおかしいときは』（☞37ページ）を参照してください。

再生ボタン

「再生ボタン」を押すと、今撮った写真が再生（表示）されます。
◀▶ボタンで見たい写真を選ぶことができます

ヒストグラムで露出を確認する

　はじめて耳にする方も多いと思いますが、「ヒストグラム」とは、画像の濃度グラフのことです。横軸は明暗を表し、左から右に向かって黒（暗い）→白（明るい）となり、縦軸が各明るさの情報量（ピクセルの数）です。カメラのAE（自動露出）機構はこのグラフをできるだけ平均的に分布させるように働きますが、情報が左に片寄ったら露出アンダー、右に片寄ったら露出オーバーになっているとみなします。ヒストグラムは、液晶モニターの見え方に関係なく、正確に露出状況が判断できるので、大切な撮影の際に大いに役に立ちます。

左に片寄っていれば露出アンダーです

操作手順

リコーG900の場合「OKボタン」を押すごとに、画面表示が、マーク表示→ヒストグラム表示→グリッドガイド表示→表示なし→液晶モニターオフと循環します

中央部分になだらかな山形が分布していれば、露出量は正しく、標準的な画像であることが分かります

右に片寄っていれば露出オーバーです

ピントが合っていないときは

デジカメは、撮った写真を拡大しスクロールすることで、詳細に確認することができます。写真を撮ったら、直ちに黒板の文字を拡大してピントの確認をしましょう。ピントが合っていないときにはもちろん撮り直します。

最初の撮影でピントが合わなかった原因のほとんどは、シャッターボタンの「一気押し」(☞22ページ)です。シャッターボタンをしっかり半押しにしてから、静かにシャッターを切りましょう。

拡大倍率とスクロール位置が表示されます。最大で10倍まで拡大できます

この部分を拡大して確認しています

ピント合わせが苦手な被写体

デジカメにはピント合わせが苦手な被写体が2つあります。1つは暗くて遠くにある被写体。もう1つはコントラスト(明暗差)のない被写体です。

暗くて遠い被写体

デジカメは、暗いところではAF補助光を発光させ、ピント合わせを行っています。補助光が届かないほど遠い被写体には、懐中電灯などの光を当てるか、マニュアルフォーカスを活用しましょう。三脚を使用すれば、ピント合わせが正確に行え、ブレを抑えることができます。
ISO感度を上げても、撮影素子に届く光の量は変わらないので、AFの精度が上がることはありません

コントラストのない被写体

模様のない床や壁など、コントラストのない被写体にもピントは合いません。その場合は、マニュアルフォーカスを使うか、ダミーフォーカス(仮のものにいったんピントを合わせる)をして撮りましょう

❶「差出し」、「半押し」

❷「外して」、「チョン」

フォーカスロックでピンボケを防ぐ

　ほとんどのデジカメは、画面の中央にピントが合うように設計されてるので（スポットAF）、画面の中央に被写体がない場合、被写体はピンボケになります。

　それを防ぐために「フォーカスロック」を使います。フォーカスロックとは、フォーカス（焦点）をロック（鍵を掛ける）するという意味で、シャッターボタンの半押し状態でピントが固定される機構です。

　被写体が画面の中央にない場合には、まずいったん画面の「真ん中」に被写体を配置し、「半押し」してピントを固定します。そのままの状態で撮りたい構図に「ズラして」「チョン」と静かにシャッターを切ります。

「真ん中」、「半押し」

「ズラして」、「チョン」

デジカメの場合、緑色の枠になりますから、半押し状態の確認が簡単です。撮りたい構図に戻すとき、その緑色の枠が消えないように半押し状態をキープするのがポイントです

マルチＡＦでピンボケを防ぐ

　デジカメのフォーカス設定を「マルチAF」にしておけば、大きなピンボケになることはほとんどありません。

　このモードでは、画面の1番近いところにピントを合わせます。ピントの合う範囲は、手前に浅く、奥に深いという特徴があるので、手前の被写体にピントを合わせておけば奥の被写体はほとんどピンボケにならないからです。

リコーG900の場合、「マルチAF」では複数の測距ポイントの中から、一番手前にピントを合わせます。枠は複数出ることもありますが、緑色ならピントを合わせた証拠です。撮りたいものが奥の方にあるときは、「スポットAF」にして、「フォーカスロック」を使いましょう

高架橋の架設工での「架設桁の移動状況」を説明しようとしています。架設桁が「二組桁（ダブルガータ）」であることがポイントになる写真ですから、架設桁の断面が分かるように撮る必要があります

どこにピントを合わせるか（被写界深度の話）

　写真に写る空間全体を「被写界」、写したい対象物を「被写体」と呼びます。工事写真は、工事の内容（被写体A）と、黒板（被写体B）を同時に写す必要があるので、どこにピントを合わせるかは、実に悩ましい問題です。同じ距離にあるとは限らない複数の被写体にピントが合っていなければならないからです。

　しかし、さほど心配する必要はありません。厳密には、ピントは1点にしか合いませんが、その前後に「ピントが合っていると見なしてよい範囲」が生まれるからです。これを「被写界深度」と呼びます。

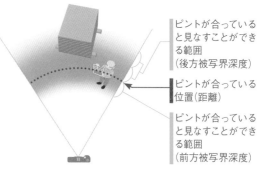

ピントが合っていると見なすことができる範囲（後方被写界深度）

ピントが合っている位置（距離）

ピントが合っていると見なすことができる範囲（前方被写界深度）

どこかにピントを合わせると、その前後にも「ピントの合ったとみなすことができる範囲」になる範囲ができます。この範囲は、手前に浅く、奥に深く、奥は手前の2倍以上の範囲を持ちます。この奥に伸びる範囲が無限遠に達した状態を「パンフォーカス」状態と呼びます

被写界深度の特徴

　被写界深度には、3つの特徴があります。
❶焦点距離が短ければ短いほど被写界深度は深くなります。リコーG900に使われているレンズは、28〜140mm相当ですが、広角側の被写界深度は深いので問題ありません。逆に、望遠側はピントが合いにくくなります。
❷レンズの絞り（レンズの開口部）が小さいほど被写界深度は深くなります。天気のよい日は絞りが小さく

なるので、深くなりますが、暗いところでは絞りが開き、ピントが合いにくくなります。
❸被写界深度は、撮影距離が遠ければ遠いほど深くなります。また、手前に浅く、奥に深いという特徴を持ちます。したがって、手前の被写体にピントを合わせるのがセオリーです。広角レンズでは、2.5mあたりにピントを合わせておけば、後方の被写界にもピントが合います。

![左の写真]

天気のよい日に広角レンズで撮影すると、パンフォーカスと呼ばれる、どこにでもピントの合った状態になります

手前の被写体にピントを合わせると、奥の被写界にもピントが合いやすくなります。厳密には奥の被写界は少しぼけるかもしれませんが、黒板の文字を読むには十分です

明るい暗いの調整

露出が合っていないときも直ちに撮り直ししましょう。露出が合わない原因は状況によってさまざまですが、原因が何であれ、「露出補正」を使えばキチンと写ります。リコーG900の場合、[ADJ] ボタンを1回押すと「露出補正」モードになります。写真が暗ければ ▲ ボタン、明るすぎたら ▼ ボタンを押してください。押した回数に応じて画像が明るくなったり暗くなっていくことが確認できると思います。ちょうどよい明るさになったらシャッターを切りましょう。

リコー G900の露出補正画面。画面左のスライダが露出補正によって上下に移動します。図の場合、露出補正はかかっていません

露出補正

露出補正とは全体の露出レベルを上下させて被写体の明るさを調節することです。カメラの自動露出システムは平均値を求めて制御するので、逆光線や白い被写体は暗く写ります。また、意図的に明るく（暗く）したいときに使います。露出を変えて3枚同時に撮影する「オートブラケット」も便利です。

■露出補正なし

■+1.0の露出補正

全体に白い被写体ではカメラが「明るい」と判断し露出を下げ、結果、暗く写ります。正確な色再現を求められるときは、露出を変えて何枚も写真を撮っておくことをおすすめします

■露出補正の変化量

+2.0

+1.7

+1.3

+1.0

+0.7

+0.3

−0.3

−0.7

−1.0

−1.3

−1.7

−2.0

色がおかしいときは

最近のデジカメは、優秀な「オートホワイトバランス」機能を搭載していますから、色がおかしい失敗写真は少ないはずです。

しかし、さまざまな種類の光源が混じった場所では、見た目と違った色に写ることがあります。そんなときは、「ホワイトバランス」機能を使って色補正しましょう。

リコー G900のホワイトバランス設定画面。屋外（太陽）や曇天（雲）、白熱灯（電球）といったアイコンでホワイトバランスを選択します

ホワイトバランス

「オートホワイトバランス」とは画像の中の最明部を「白」と判断し、全体の色バランスを整える仕組みです。しかし、複数の異種光源にさらされると判断を誤ることがあります。そのときは主光源に合わせてホワイトバランスを調節するか、「マニュアルWB」のカスタムホワイトバランスを利用しましょう。

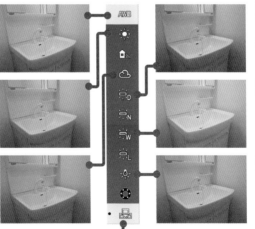

「AWB」で撮影
主光源は蛍光灯、室内灯は白熱灯です。「AWB：オートホワイトバランス」は蛍光灯を「白」と認識しています

「太陽光」で撮影
蛍光灯と白熱灯の下で「太陽光」を使うと、緑かぶりを起こします。これがカメラが見た本来の色です

「曇天」で撮影
蛍光灯下で「曇天」を使うと、少し赤みがかった写真になります

「昼光色蛍光灯」で撮影
「D」はデイライト（昼光色）の意味で、見た目より、少し赤味がかかります。

「白色蛍光灯」で撮影
「W」はホワイト（白色）の意味で、少しオレンジ色っぽくなります。

「白熱灯」で撮影
蛍光灯と白熱灯下で「白熱灯」を使うと、青みがかった写真になります

「マニュアル」で撮影
作例では、洗面台の蛍光灯が主光源で、室内灯は白熱灯です。「白色蛍光灯」に合わせるとやや写真が黄赤がかかり、「白熱灯」に合わせると青緑がかかります。「オートWB」でも十分に見た目に近い印象に撮れますが、より正確に色を合わせるには、ホワイトバランスを「マニュアル」にして手動設定を行います。手動設定の詳しい操作方法はデジカメの使用説明書や本書40・70・134ページを参照してください

037

「光」の特徴を知っておこう

デジカメの性能がずいぶんよくなったとはいえ、人間の目にはかないません。「目で見えたように写る」デジカメがあれば苦労はないですが、そんなデジカメはどこにもありません。

ですから、きれいな写真を撮るためには、いくつかの知識と経験が必要なのです。中でも写真を撮るうえで特に大切なのが、光の特徴を知っておくことです。

写真の写り方は光の角度によって変わる

被写体の背後方向に太陽などの強い光がある状況を「逆光線」、逆に被写体の前方から強い光がある状況を「順光線」といい、写真の写り方が大きく変わります。例えば順光線の場合、露出が失敗する心配は全くありませんが、光が強いと影もきつくなります。逆光線の場合は、周りの明るさに影響されて、被写体が（相対的に）暗くなったり、光が強いとハレーションやゴースト・フレア（☞用語解説）が出て写真が不鮮明になることがあります。

逆光

順光

順光の影

逆光の影

ハレーションは角度変更で防止

「光は直進し、入射角と反射角は等しい」と中学校で習いました。被写体と太陽の位置関係が悪いとハレーションを起こします。ちょっと被写体とデジカメの角度を変えるだけで解決しますからデジカメのモニターで確認しながら角度を決めましょう。

ハレーションを起こしています

角度を変えて撮影

用語解説

ハレーション　強い光が直接カメラ（レンズ）に飛び込むと、その部分が強烈な露出オーバーとなり、像が白く飛んでしまう現象。
ゴースト・フレア　強い光が、カメラ内部で乱反射を起こし白っぽく不鮮明になったり（フレア）、幽霊（ゴースト）のような虚像を作る現象。

ハレーション

ゴースト・フレア

光 の 強 さ と コ ン ト ラ ス ト

日差しが強く、明暗差（コントラスト）が強いときは、肉眼では見えていても撮影すると、明るい部分が白く飛び、暗い部分が黒くつぶれます。こんなときは、「明るいところに露出を合わせた写真」と、「暗いところに露出を合わせた写真」を2枚撮って提出します。

明るいところに露出を合わせた写真　暗いところに露出を合わせた写真

ガ ラ ス 越 し の 被 写 体 を 撮 る

工事現場では、ガラス越しに写真を撮らなければならないこともあります。ガラス越しに明るい方から暗い方にデジカメを向けると、明るい側の光がガラスに反射して暗い方は写らなかったり、明るさによっては像が重なって写ります。そんなときには、デジカメをガラスにぴったりとくっつけて撮ることで写り込みを減らすことができます。フィルタが付くデジカメなら、PL（偏光）フィルターを付けて撮る方法もあります。

明るい方（屋外）から暗い方（室内）にカメラを向けても、中の様子は写りません

屋外の明るい光は、ガラスに反射して室内の様子は写りません

近づいて露出補正をかければ、室内が少し写りますが、像が重なります

デジカメをガラスにぴったりとくっつけて撮ると室内が撮影できます。ちょっと怪しい人に見られるかもしれませんが、黒っぽいジャケットなどでカメラの周りを覆うと、外の光がより写り込みにくくなります

「光の色」を知っておこう

　日中の太陽光は白色（無色）ですが、光源に含まれる色のバランスが変わると、例えば、早朝には青く、夕方になると赤みを帯びるといった色かぶりを起こします。同様に、白熱灯では琥珀色に、蛍光灯や水銀灯では緑色に色かぶりします。

　人間の目と脳には、白いものを白く補正して見る能力が備わっていて、光源による色かぶりはさほど気になりません。この働きを応用したのがデジカメの「オートホワイトバランス」ですが、残念ながら人間の目と脳ほどできはよくありません。そのため、人工的な光源の下で写真を撮ると特に、色かぶりがはっきり現れることが多くあります。「色がおかしいな」と思ったらホワイトバランスを光源に合わせる必要があります。

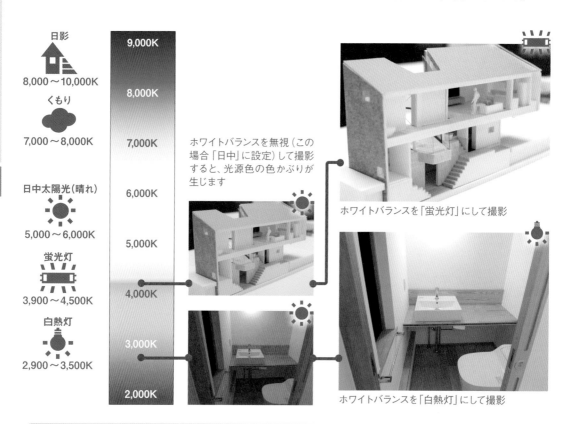

日影
8,000～10,000K

くもり
7,000～8,000K

日中太陽光(晴れ)
5,000～6,000K

蛍光灯
3,900～4,500K

白熱灯
2,900～3,500K

9,000K
8,000K
7,000K
6,000K
5,000K
4,000K
3,000K
2,000K

ホワイトバランスを無視（この場合「日中」に設定）して撮影すると、光源色の色かぶりが生じます

ホワイトバランスを「蛍光灯」にして撮影

ホワイトバランスを「白熱灯」にして撮影

補足解説 **色温度とケルビン**

色には温度があります。温度は相対的な概念ですが、それを絶対温度で表したのが、イギリスの物理学者、ケルビン卿です。日中の太陽光は5,500K（ケルビン）の色温度があり、それより高くなると青く、低いと赤みがかります。色温度の単位は「K」で表しますが、このKはケルビン卿のKで、必ず大文字で表記します。

逆光時の撮り方

どのデジカメも同じですが、写真の明るい暗いは、撮像素子に入る光の平均値で判断しています。逆光の場合、撮像素子に太陽の強い光が入ってくるため、デジカメは「明るい」と判断して露出が抑制されるために肝心の被写体が暗くなってしまいます。

■順光線で撮った写真

■逆光線で撮った写真 ✕

材料検収の撮影は自由に場所を選べるので、撮影条件のよいところで撮りましょう

日中シンクロ

日中シンクロとは、明るいところでも強制発光モードにしてフラッシュを発光させ、影になって暗く沈んでしまった被写体を明るく写す方法です。

日中シンクロを使えば逆光時でも背景と被写体（黒板）との明暗差が小さくなりどちらも適正露出でキレイに撮れます。

■逆光線で撮った写真 ✕

コンクリート打設前の配筋状態を撮影しています。フラッシュを使うことで、逆光で影になった黒板なども明るくなります

■フラッシュで補正して撮った写真

フラッシュの使い方

撮影条件を選べない工事写真では、フラッシュが大活躍します。フラッシュは、暗いところはもちろん逆光線や色の濁りを抑えるときにも使います。

あらかじめフラッシュの使い方をマスターしておけば、さまざまな場面で大いに役に立ちます。

リコー G900のフラッシュの設定画面。いくつかのモードを使い分けることで、厳しい撮影条件にも対応しやすくなります

状況別使い方とフラッシュモード一覧

選ぶモードによって撮影効果が大きく変わります。目的に合わせて上手に使いましょう。

マーク	名称（モード）	効果	目的
Auto ⚡	AUTO 低輝度自動発光	被写体が暗いとき、逆光のときにフラッシュが自動発光します	一番失敗しないモードです。ただし、ハレーションには注意しましょう
🚫⚡	発光禁止	どんなに暗くてもフラッシュは発光しません	通常はこのモードを使います。暗いところではブレやすくなります。三脚を使用しましょう
⚡	強制発光	明るさに関係なく必ずフラッシュが発光します	日中の逆光時や、手前の被写体を明るく撮りたいときに使います。ハレーションに注意しましょう
Auto 👁⚡	AUTO オート＋赤目	赤目現象を軽減しながら、状況に応じてフラッシュを発光します	工事写真で使うことはありません
👁⚡	強制発光 ＋赤目	赤目現象を軽減しながら、強制発光します	工事写真で使うことはありません
⊙	リングライト	レンズ周囲のリングライトを発光させます	マクロ撮影時に大活躍します

光 が 届 く 範 囲 に 気 を つ け よ う

　フラッシュが光ったからといって、いつでもきれいな写真が撮れているとは限りません。望遠にするとフラッシュ光の到達距離が減少し、光が届きにくくなる

からです。

　フラッシュを使うときはできるだけ広角側で、できれば1歩近づいて撮るようにしましょう。

広角28mmなら10m離れてもフラッシュが届きます

同じ距離（10m）からでも望遠にすると光量不足になります

できるだけ広角にして、近づいて撮るようにしましょう

望遠側で離れて撮ると、光が届かなくなります

ハ レ ー シ ョ ン に 気 を つ け よ う

　強い光が直接レンズに飛び込むとハレーション（☞38ページ）を起こします。工事写真で一番多いハレーションによる失敗はフラッシュによって引き起こされ

ます。フラッシュの光が被写体の平滑面に当たり、その反射光がレンズに飛び込むケースです。反射の方向を考え、ちょっと角度をずらすと上手くいきます。

黒板に正対してフラッシュを使うと、反射光はカメラを直撃しハレーションを起こします

黒板の角度をちょっと変えるだけで、防ぐことができます

もっと光を！

暗い場所での撮影では、撮影条件が悪くなるので、相当の技術と工夫が必要です。

光量が少ないとシャッター速度が遅くなり、手ブレの危険が増します。絞りも開くので、ピンボケのリスクも高まります。ISO 感度を上げるという方法もありますが、感度を上げすぎると、画質が悪くなり、荒れた写真になってしまいます。

そんな場合には、身近にあるもので「光を足す」方法も有効です。もちろん、暗いところでは、カメラの持ち方・シャッターの切り方を基本に、ていねいに行うことが大切です。

「レフ板」を利用する

「レフ板」とは、反射（リフレクタ）板のことです。撮りたい場所が逆光線で暗くなっているときに有効な手段です。大きなカメラ店に行けばさまざまな種類のレフ板が売られていますが、難しく考える必要はありません。身近にある、白くて大きな紙や板状のものを光源に反射させて被写体を照らしてやればよいのです。ちょっとしたことですが、効果は絶大です。

暗いところにライトを当てる

撮りたい場所が狭ければ、懐中電灯を使うのが簡単です。広い場所なら、作業用のライトを当てて明るくすることを考えましょう。

ただし、光源には独特の「色」があります。蛍光灯は緑やオレンジ、白熱灯は琥珀色に「色かぶり」を起こします。オートホワイトバランスで補正できないときは、光源に合わせてホワイトバランスを変更する（☞37・40ページ）か、マニュアル・ホワイトバランス（☞70・134ページ）を使い、正しい色に補正する必要があります。

補足解説 **ハレーションの確認は懐中電灯で**

フラッシュ撮影で目立つ失敗が、ハレーションによるものです。これは、フラッシュの閃光時間が短いために撮っているときに反射に気付かないことが原因です。この失敗を未然に防ぐには、デジカメ（フラッシュ）の位置から懐中電灯の光を当ててみることです。被写体のどこかからキラリと光れば、そこにはハレーションが起こります。被写体とデジカメの角度を変えて再トライしましょう。

chapter 2

公共工事
提出用写真の
撮り方

公共工事提出用写真の
目的と決まりごと

発注者が国であれ県であれ市町村であれ、
税金を使って行う工事や管理には、
写真を添付して報告する義務があります。

提出するデジタル写真の編集は不可

写真の
信憑性を考慮し
写真の編集は
認めません

しっかりとした
撮影技術を
身につけましょう

　国や県などが発注する公共工事は、すべて電子納品することになりました。大元は、国土交通省が推進しているCALS/EC に沿ったものですが、デジカメが一般化した今日、すべての工事写真がデジタル化したといっても過言ではないでしょう。

　その際、問題になったのが、容易に改ざんできるデジタル写真の信頼性の確保でした。さまざまな角度から議論されましたが結論的には、「写真の信憑性を考慮し、写真編集は認めな

い」と規定されました。

　したがって、明るい・暗いの調整を含め、写真の編集は一切できないことになります。かなり厳しい基準ですが、撮影したあとに写真の編集を加えなくても済むように、しっかりとした撮影技術を身につけておきましょう。また、オリジナルデータ（元本）は必ず保管しておいてください。いかなる編集を行っても、Exifデータが消失するので、Exif付きのオリジナルデータを保管しておくことは非常に重要です。

用語解説 **Exif (Exchangeable image file format)**

Exifは「イクジフ」または「エグジフ」と呼びます。デジカメで撮影した画像や音声ファイルに互換性を持たせるためのさまざまな情報を付加したファイルフォーマットという意味です。デジカメの基本画像フォーマットであるJPEGに、「タグ」と呼ばれる荷札を付けて、そこに「撮影年月日」や「シャッター速度」「絞り値」といった情報も記録されています。

「デジタル写真管理情報基準」の要点

国土交通省の「デジタル写真管理情報基準」には、デジタル写真の納品規則が細かく紹介されています。要点をまとめると、納品する提出媒体の種類、ファイルの仕様、有効画素数、そして画像編集の不可などが挙げられます（全文は☞127ページ）。

提出媒体とファイル形式

電子媒体についての記述は省略されていますが、日進月歩の技術革新の中で細かい規定を設けることはあまり現実的ではなく、現在はCD-Rや、より容量の大きいDVD-Rでの提出が主流化しているようです。

ただし、USBメモリ（サムドライブ）は要注意です。悪意のある第三者がウイルスを忍ばせている可能性が指摘されていて、禁止している自治体や地方整備局は多くあります。事前に監督職員とよく話し合ってください。

写真の記録形式はJPEGとTIFF が基本ですが、令和5年3月の改訂で動画ファイル（MP4）が追加され、SVG形式（☞119ページ）が認められました。

有効画素数

令和5年3月に「デジタル写真管理情報基準」が改訂されましたが、有効画素数に関しては、平成27年3月の「写真管理基準（案）」と変わりありません。

基本は「有効画素数は、黒板の文字が確認できることを指標とする」（100～300万画素程度＝1,200×900程度～2,000×1,500程度）であって、現状使用されている撮影ディバイスはその条件を十分に満たしています。詳しくは、131ページに掲載した「デジタル写真管理情報基準」の「有効画素数」にある「解説」の項を参照してください。

むしろ考えるべきは、「大きすぎない」ことです。「大は小を兼ねる」と言いますが、「過ぎたるは及ばざる」とも言います。技術の進歩は凄まじく、80万画素からスタートしたデジタル工事写真も、今では、1億画素に迫る勢いです。

いずれにしても、デジタル写真を取り巻く環境は日々変化しています。提出写真の画素数は、監督職員とよく話し合って決めることをおすすめします。

画像編集

写真の信憑性を考慮し、写真編集は認められていません。

やってはいけないこと

国土交通省の「デジタル写真管理情報基準」では、「写真の信憑性を考慮し、写真編集は認めない。」と規定されています。したがって、明るい・暗いの調整から、パノラマ作成写真などの写真加工は一切できません。

写真の成否は撮影時にすべて決まることになります。しっかりした撮影技術を身につけて、後から撮り直ししなくてすむようにしましょう。

画像の補正

NG 暗く写ったので明るくした

暗い写真を明るくすることも画像の編集に当たります。撮影後に補正するのではなく、撮影時に露出補正しておきましょう（☞36ページ）。

黒板が読みづらいので明るく補正しました

トリミング

NG 指が写ったのでトリミングした

一部を拡大（トリミング）したり、斜めの写真をまっすぐにしたりすることも編集になります。撮影時に正確なフレーミングを心がけましょう。

指が写った部分をトリミング（切り落とし）しました

画像の加工

NG ゴミが写っていたので消した

あるものを消したり、ないもの加えたりするのは「改ざん」や「捏造」になります。当然、禁止事項です。

NG 誤字があったので訂正した

当然、禁止事項です。黒板などの誤りは写真横に添える文章で訂正の断りを入れましょう。

地面に落ちているゴミを消しました

黒板の誤字を修正しました

画像の加工

NG 1枚に収まりきれなかったので写真をつなげた

いわゆる「つなぎ写真」も画像を編集することですから禁止です。左写真と右写真を別々に提出しましょう(☞64ページ)。

公共工事提出用写真の
撮影の基本

工事写真の目的は、「証拠」です。
誰が見ても分かるように、客観的な立場に立って
分かりやすい写真を撮りましょう。

原則は５Ｗ１Ｈ

工事写真の目的は「証拠」です

　公共工事の写真には、揺るぎない「証拠」が求められます。客観的事実をありのままに、誰が見ても分かるように撮る必要があります。5W1H、つまり、「いつ」「どこで」「誰が」「何のために」「（どのように）どうした」のか、もれなく説明して、誰が見ても納得できるように撮らなければなりません。

　もちろん、1枚の写真で5W1Hのすべてを表現することはとても難しいことです。そこで、提出用工事写真の撮影の際は最低限、「どのように」工事を行ったのかを示すことに努めることから始めましょう。

　そのためには、黒板に写真に撮れていない情報をもれなく記載し、必要とあらば添尺を施し、言葉や数字では説明できない最重要の情報を写真に記録することになります。

　余談ですが、工事写真には、現場の「気持ち」も写ります。キチンとした工事写真が撮られた現場は、キチンとしていることが多いものです。不思議に思うかもしれませんが、キチンとした工事写真を撮る現場は、事故の報告も少ないそうです。

　写真には真実が写ります。写真でごまかそうとせず、キチンとした工事を行ってください。

目的を忘れずに

忙しい現場ではついつい写真を撮ることを忘れがちになります。また、写真を撮らなければならない義務感に駆られ、「何のために」撮るのか、「誰に」見せるのか忘れてしまい、せっかく撮った写真が独りよがりで分かりにくいということもよくあります。現場にいれば当たり前のことも、そこにいない人には分からないことです。見る人の立場に立って写真を撮りましょう。

これでは、どこで撮ったのか、どんな状況なのか分かりません

■コンクリート打設前状況

■足場設営状況

上の2点の写真は、新築倉庫の工事状況写真です。左はコンクリート打設前の基礎工事状況ですが、構図は倉庫ができ上がることを前提に決める必要があります。右は足場の設営状況で、倉庫の全貌が1枚の写真に収められていることが分かります

建て込み前の現場では、でき上がりを想像して撮りましょう。
この写真の場合、後の工程の写真と並べて比較すると、建物が写真からはみ出る構図になります

ベストアングルを探す

「分かりやすい写真」を撮るには、分かりやすい角度と位置（アングル）を探すことが重要です。客観的に見て1番分かりやすい角度を見つけることが工事写真の第1歩。最初のうちはあれこれ動き回ることになるでしょうが、コツを掴めば瞬時に見つけることができるようになります。

工事者が撮影した写真は、アングルが本人の思い込みによる主観的なものになり、第3者の目から見ると分かりにくいことがあります。そうなってしまうと、わざわざ写真を撮った意味もなくなってしまいます。写真を撮るときは常に、客観的に分かりやすいアングルを心がけましょう。

写真は、鉄筋工事で主鉄筋の本数とスパイラル状に取り付けられたフープ筋の間隔が設計通りに設置されているかを証明しています。

上の写真では、鉄筋の本数がきちんと数えられるのに対し、下の写真では、右側の鉄筋が重なり、数えることができません。

このような問題はほんの少しカメラ位置（アングル）を変えるだけで解決しますから、液晶モニターで確認しながら、落ち着いて撮りましょう

護岸工のつなぎで「かご枠」を使った排水工事の写真です。目の粗い金網カゴに石を詰めて排水の逃げ場をつくります。

撮影の目的は、かご枠の幅と長さが設計値通りにできているかを証明することです。そのためには、工区全体を見渡せる場所でカメラを構えます。かご枠は12mの長さがあるので、左右の端は、それぞれ別に撮影します

対岸が遠いので1枚の写真では証明しきれません。左右の端を別々に撮影して提出し、それぞれを詳細に説明します

アングルが悪く、肝心の添尺部分が隠れています

ホワイトボードがハレーションを起こしています

黒板が小さすぎて文字が読めません

黒板と添尺で説明を補う

先述しましたが、5W1Hのすべてを写真だけで説明することは困難です。その重責を担うのが「黒板」と「添尺」です。

黒板には、「いつ」「どこで」「誰が」を記載する ことはもちろんですが、「何のために」行っている工事かを、記入することが大切です。また、添尺は、出来高の測定を数値化することが目的です。キチンと数字が読めるように工夫しましょう。

自然石護岸工の排水工で、かご枠の出来形を確認している写真です。

7段目であることが黒板（ホワイトボード）に明記されています。かご枠の高さが設計値500mmなのに対し、実測値が510mm、幅が設計値12,000mmに対し実測値12,150mmであることが証明されています。

黒板に図示すること、箱尺の実測点に黄色いクリップをはさむことで分かりやすくなっています

道路排水路設置のために床堀の出来型を確認するための写真です。基線高から585mmの設置位置、幅560mmが確保できたことを証明しています。

撮影のポイントは高さ585mm、幅560mmの設置場所が確保されていることですから、リボンテープの添尺に、ピンポールを置き長さを明確に示しています。黒板には、現場の形状が図で示されているので、とても分かりやすくなっています

黒 板 の 書 き 方

黒板をキチンと書くことで、工事の目的を確認することができます。同時に、黒板を書いた時点で撮影のポイントもはっきりします。

できるだけ「分かりやすく」を心がけ、ていねいに黒板を書き、撮影する現場の状況をイメージしておきましょう。

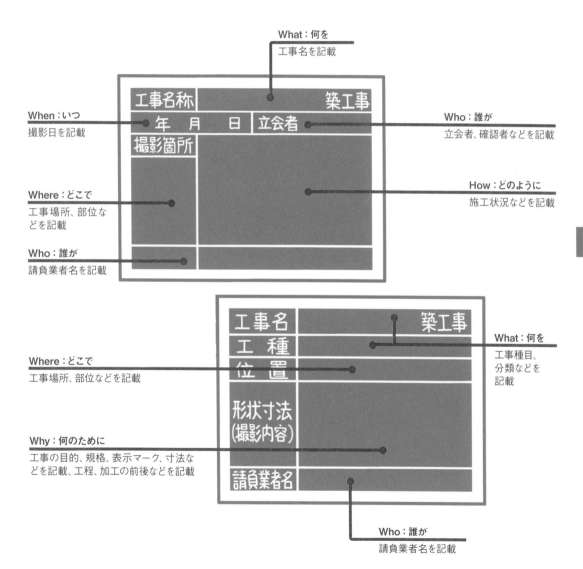

What：何を
工事名を記載

When：いつ
撮影日を記載

Who：誰が
立会者、確認者などを記載

How：どのように
施工状況などを記載

Where：どこで
工事場所、部位などを記載

Who：誰が
請負業者名を記載

Where：どこで
工事場所、部位などを記載

What：何を
工事種目、分類などを記載

Why：何のために
工事の目的、規格、表示マーク、寸法などを記載、工程、加工の前後などを記載

Who：誰が
請負業者名を記載

一般的な工事用黒板を例にして説明していますが、工事用の黒板は、工事内容や目的に合わせてさまざまなものが用意されています。また、特殊なものは専門の業者でつくってもらうこともできます

黒板のちょうどよい位置を探す

黒板は撮りたい被写体を隠さずに、ちょうどよい大きさで文字が読める位置に置くのが理想です。被写体と黒板を失敗なく上手に撮るには、まずは撮りたい工事の様子（被写体）が分かりやすく撮れるアングルを見つけましょう。黒板を置くのはその後です。

被写体を隠さないように黒板は最後に置く

黒板を撮ることに夢中になって、肝心の被写体を黒板で隠してしまわないように注意しましょう。よく、黒板を置いた後にアングルに迷っている人を見かけますが、順序が逆です。

黒板をキチンと写すことは大切ですが、優先すべきは工事状況を説明することです。まずは工事の状況が1番よく分かるアングルを見つけ、その後に、邪魔にならない場所に黒板を設置しましょう。

砂防堰堤の「コンクリート張工」でコンクリート打設の状況を報告するための写真です。コンクリートを締め固めるためのバイブレーターが、きちんとコンクリートに埋まっているところを写すのがポイントになります

黒板が小さすぎて文字が読めません

黒板が肝心の被写体を隠しています

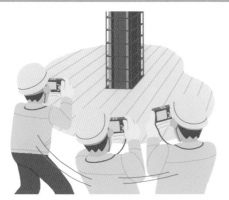

❶ベストアングルを探す

まず、工事の状態が1番よく見える場所を探します。客観的な立場で「何を、どのように」工事したか、第3者が見てもよく分かる場所を探します。同時に、余計なものが画面に入らないか、ゴミは落ちていないかも確認しましょう

❷添尺を施す

写真を「証拠」化するためには、大きさ・長さなどの概念を具体的な数値で示すことが必要です。

そのためには、ていねいに添尺し数値が正しく読み取れる工夫をしましょう（☞60ページ）

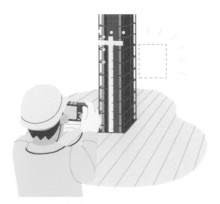

❸黒板の入る場所を探す

デジカメで構図を確認したら、黒板を入れる場所を探します。撮影したい工事の内容に関係ない場所を見つけます。理想的なデジカメと黒板の距離については58ページで解説しています。フラッシュを使う場合は、カメラと平行関係にある平滑面を探し、平行にならないように少し角度を変えておきます（☞43ページ）

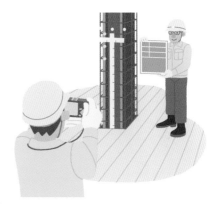

❹黒板を入れる

黒板を入れます。黒板の角度は、デジカメから同心円上になるように少し角度を付けます。こうすることで、黒板が四方形に見え、フラッシュを使ったときのハレーションのリスクも減少します

057

黒 板 ま で の 距 離 は 2 ～ 3 m に

　黒板の文字が見えやすいデジカメとの距離はどのくらいが理想なのでしょうか。黒板の大きさはさまざまですが、一般的な60×64cmの黒板で考えてみましょう。デジカメの水平画角（☞13ページ）は、35mm相当のレンズで54度、28mm相当のレンズで64度となり、画面に占める黒板の大きさは次ページの図のようになります。

　黒板の大きさから判断すると、35mm相当のレンズで約2.5m、28mm相当のレンズで約2mが理想的な大きさですが、黒板の文字の読みやすさも考慮すると、35mm相当のレンズで約2.5～3.5m、28mm相当のレンズで約2～2.5mがちょうどよい距離です。

黒板のちょうどよい位置を探す

新設道路の舗装された幅員を計っています。設計値3,900mmに対し、実測値が3,970mmあることが分かります。また、道路の中心に鋲を打ち、ピンポールを置くことで、中心線が基準値を確保していることが分かりやすく示されています

黒板が小さすぎて文字が読めません

黒板が肝心な部分を隠しています

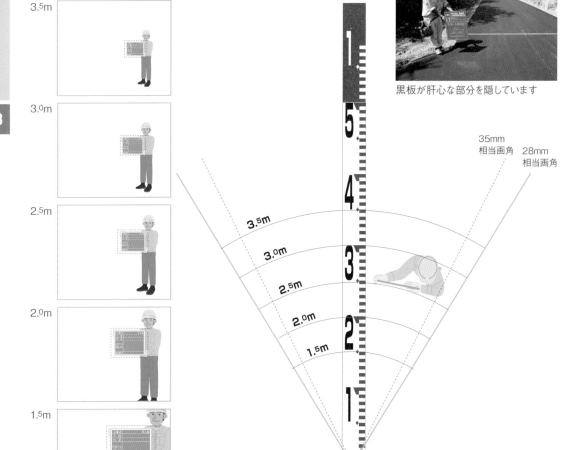

3.5m

3.0m

2.5m

2.0m

1.5m

35mm
相当画角

28mm
相当画角

3.5m

3.0m

2.5m

2.0m

1.5m

黒板以外も利用しよう

　工事写真における「黒板」とは、状況を説明するための掲示物であって、なにもいわゆる黒板である必要はありません。ホワイトボードでも、紙に書いたものでも、パソコンからプリントしたものでも何でもOKです。要は、何のために撮っているのか、何を証明しようとしているのかが分かればよいのです。

　目的に合わせて、また被写体に応じて、分かりやすい掲示方法を選び臨機応変に撮影しましょう。

逆光線（☞38・41ページ）の位置にあるため、黒板も被写体も影になっています

太陽の強い光が黒板に反射してハレーション（☞38ページ）を起こしています

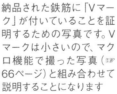

納品された鉄筋に「Vマーク」が付いていることを証明するための写真です。Vマークは小さいので、マクロ機能で撮った写真（☞66ページ）と組み合わせて説明することになります

納品の状況写真（上の写真）とは別に、「Vマーク」の詳細写真を撮ります。この場合、このタグ（荷札）が「黒板」の役割を果たしています

Vマーク：撮影時にマークの左右にチョークで印を付けるとより分かりやすくなります

補足解説 **雨の日は防水チョークで**

　雨の日でも工事は進みます。せっかく書いた黒板が雨に流されてはもともこもありません。専門店に行けば「防水チョーク」が売っています。天気が悪そうなら用意しておきましょう。

添尺は寸法が読めるように工夫する

添尺の目的は「測定」です。測りたい数値が伝わらないと意味がありません。また、添尺はカメラアングルによって誤差が生じます。正確に測定できる添尺とアングルを心がけましょう。

数字が読める角度で

添尺そのものが邪魔をして、肝心の数値が読めなくなることがあります。添尺を組み替えるか、アングルを変えてはっきりと数値が見えるように撮りましょう。

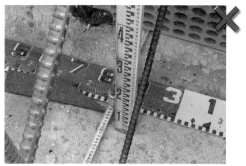

箱尺に隠されリボンテープの測定点が読めない

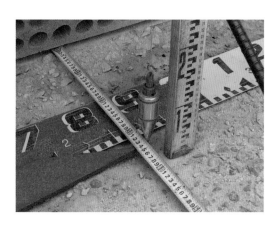

数値がはっきり見えるように、アングルを変えて撮りましょう

丸ものには添木して

パイプや円柱、丸杭など、いわゆる「丸もの」の直径を示す場合は、必ず平行に添木をして撮りましょう。直に添尺しても、正確に直径を示すことはできません。

これでは直径を測れません

空調配管の接続ソケットが、設定値通りに内径が95mmあるかどうかを証明しようとしています。平行に添木（箱尺）を施しているので、直径が正確に示されています

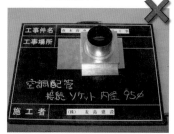

添尺を施さないと意味がありません

隠れた（面取）部分は設計上の寸法を

　設計値と見た目が異なることがあります。例えば擁壁の角は安全のために面取りされますが、強度に影響しません。強度は、設計上の長さで担保されているので、設計上の長さを導き出して撮りましょう。

これではなにも証明できません

重力式擁壁の出来高を測定しています。擁壁の角に面取りがあるため、側面からも添尺を施し、本来あるべき寸法を導き出しています

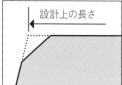

設計上の長さが分かるように添尺する必要があります

深さを正確に示す

　穴の深さを示すためには、基線（穴でないところ）を示す必要があります。基線からどのくらい距離があるかが、深さを示すことになりますから、いかに基線を示すかがポイントになります。

これではなにも証明できません

疑似擁壁工の「モルタル吹付工の検査坑の深さ」を測定しています。穴の深さは、同時にモルタルの厚さを意味しますから、穴の深さを正確に測定する必要があります。箱尺の目盛りが読めるように添木を当てて工夫しています

目盛りが正確に読めません

添尺は寸法が読めるように工夫する

見えない寸法を証明する

添尺とは単にものさしを添えることではありません。多くの場合「測定確認」のために行われますから、ものの形、「長さ」「太さ」「深さ」「量」といった相対的な概念を添尺によってしっかり「数値化」する必要があります。

添尺のための道具選びはもちろん、「何を」測定しているのかをはっきりさせて、正確で分かりやすい添尺を心がけましょう。

「どのような」現場で作業したのか、第三者に分かるような状況写真も必要です

この場合、底辺の長さと垂直（直角の維持）がポイントになるため、その部分の拡大写真が必要です

砂防堰堤工事の「コンクリート型枠設置状況」の写真です。この写真で重要なことは、コンクリート型枠の設置勾配が正確に維持できているかです。内角の測定は難しいので、直角三角形の定理を使って「逃げの長さ」を求めます。垂直確認のために分銅を用い、高さと底辺の長さから勾配を割り出しています

コンクリート型枠1枚の短辺は600mmであることは材料検収で証明されています。型枠は2枚なので、合計1,200mmであることから、逆三角関数により約74度という勾配が割り出されます

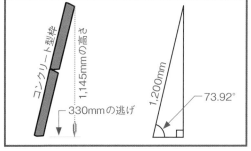

広い・大きい被写体を撮る

広角にしても被写体が入りきらないこともあります。そんなときには、より広角になる「ワイドコンバージョンレンズ」を使うか、左右に分割して撮るなどして提出しましょう。

ワイドコンバージョンレンズを使う

リコーG900は広角28mm相当のレンズを搭載してるので、かなりワイドに撮ることができますが、それでも被写体が収まりきらない場合は、専用の「ワイド（広角）コンバージョン（変換）レンズ」の使用をおすすめします。これを装着すれば、0.8倍、つまり、22mm相当の超広角レンズになります。

また、デジタル一眼であれば、さまざまな超広角レンズを使うことができます。現場で使うときはビニール袋や台所用ラップでカメラを覆うなど、防水・防塵対策をしっかり施してから使うようにしましょう。最近では防塵・防滴の一眼レフも登場しました。

■28mm相当

■22mm相当

ダム建設現場の進捗状況を撮影しています。
28mm相当のレンズでは1枚の写真に収まりきれないので、ワイドコンバージョンレンズを装着し、22mm相当の画角を確保しています

2　広い・大きい被写体を撮る

左右に分けて撮る

国土交通省の提出基準では、「つなぎ写真」も禁止されています。左右に振り分けて撮影し、それぞれを分けて提出しましょう。

　撮影の際は、「手」でカメラを動かさず、「腰」を中心に身体ごと回転させます。高さが変わらないように、中央部分は少し重なるように撮影します。

砂防堰堤の進捗状況写真です。
左右それぞれの法面が重要な被写体ですが、1枚の写真に収まらないので、左右に振り分けて撮っています

左右の写真をつなぎ合わせると、こんなイメージになります。国土交通省管轄の工事では禁止されていますが、工事を発注する監督職員の許可があれば、その限りではありません。監督職員とよく話し合って、提出様式を決めましょう

用語解説　**ワイドコンバージョンレンズ**

工事専用デジカメには、専用のワイドコンバージョンレンズが用意されているものもあります。リコーG900の場合、これを装着すれば、焦点距離が0.8倍になり、広角端28mm相当のレンズの画角を、22mm相当まで広げることができます。

引きのない場所ではワイドコンバージョンレンズが便利

　広い・大きい被写体を撮るのに、広角レンズが便利であることは63ページで解説しました。しかし、工事現場で広角レンズが最も活躍するのは、引き（後退する余地）のない場面です。

　多くの工事用デジカメは、広角28mm相当のズームレンズを搭載していますが、それでも「あと1歩下がりたい」と思う現場では、専用のワイドコンバージョンレンズ(☞64ページ)を装着して撮影しましょう。

鉄骨工事の建て方で、鉄骨が垂直に立っているかを証明しています。下げ振りを3.5mの高さから吊し、床部分で測定します。鉄骨との間隔が49〜51mmに納まれば垂直と見なします。
引きのない現場で、下げ振りと保持器を1枚の写真に写す必要があるので、ワイドコンバージョンレンズを使用し、22mm相当の画角で撮影しています

鉄骨との間隔を計測している写真も別に撮影しました

22mmの画角

28mmの画角

同現場でナットの締め付け確認を行っています。それぞれのナットに指定されたトルクが掛かっているか、ナットの回転角度とトルクレンチで計測します。足場が悪く、これ以上後ろに下がれない（引きのない）状況なので、ワイドコンバージョンレンズを装着し、安全に撮影しています

マクロ撮影(☞66・84ページ)で、トルクゲージをクローズアップしています

小さな被写体はマクロ機能で写す

　小さな被写体は、添尺にも厳密さが要求されます。添尺を施した小さな被写体と、黒板を同じ画面に写すのは困難ですから、マクロ撮影と状況写真の2枚に分けて撮りましょう。この場合、マクロ撮影と状況写真共に、黒板はピントが合いやすいように被写体の後ろに置くのが原則です。

黒板は奥に置く

　細かい部品や添尺の一部分を説明するには、マクロ（近接）撮影が有効です。マクロ撮影は被写界深度が極端に浅くなり、ピンボケを起こしやすくなるので、デジカメの持ち方とシャッターの切り方をしっかり守りましょう。黒板は、被写体の後方に置くようにしましょう。

鉄橋桁の厚さを測定しています。0.2mmの精度を要求されますので、添尺にはノギスを使います。バーニヤ（副尺）の目盛りを読めることが大切ですから、カメラブレを起こさないようにして、正確にピント合わせをしましょう

t＝20.1mmを示しています

ピントが奥の黒板に合っており、手前のノギスがピンボケしてしまい寸法が読めません。
被写界深度は、手前に浅く、奥に深いので、ピントは被写体（ノギスの目盛り）に合わせます。黒板は若干ぼけるかもしれませんが、黒板の文字は読み取ることができます

黒板は被写体の後ろに置きます

コンベックス（巻き尺）では、正確に測定できません

状況写真と組み合わせて説明する

被写界深度が浅くピントの合いにくいマクロ撮影をしながら、黒板を同時に撮るのは難しいものです。そんなときは無理をせずに、測定値を証明する写真と、測定している状況を説明する写真を別々に撮り、その2枚で説明することを心がけましょう。

そのようにすることで、報告書（写真）を見る人もどんな状況下で工事が行われたかを理解しやすくなります。

掘削法面にプレキャストコンクリートの受圧板を取り付けるための「アンカー工」をしている状況写真です。削孔角度が、設計値を満たしているかどうかの証明ですから、分度器の目盛りが正確に読める必要があります。当然、部分写真のみでは全体状況が分かりませんので、状況写真と組み合わせて提出します

工事の全体の状況が把握できる写真と一緒に提出することで、状況が分かりやすく伝わります

目盛板が反射しハレーションを起こしています。カメラの角度を変え、太陽光が反射しない位置にする必要があります

トンネル内での撮影のコツ

トンネル内などの暗い場所では、普通フラッシュを使って撮影します。しかし、暗いところでのフラッシュ撮影は意外と難しいものです。フラッシュモードを適切に使い分け、また、ときにはフラッシュを使わないなどの工夫も必要です。どんな工事現場も人が作業している以上

真っ暗ということはないので、三脚を使用することでフラッシュを使わずにきれいな写真が撮れることもあります。

いずれにしろ、暗い場所での撮影は失敗が起きやすいので、撮った後には必ず写真を再生して確認するようにしましょう。

フラッシュを AUTO で使う

フラッシュをAUTOに設定しておくと、暗いところでは自動的にフラッシュが発光します。このモードでは、カメラブレを防ぐために手ブレ限界速度を設けて

あり、シャッター速度が遅くならないように配慮されています。したがって、背景は若干暗くなりますが、三脚を使わないで撮影できます。

■フラッシュAUTO

背景は若干暗くなります

不用意にカメラを構えると、フラッシュ光の反射でハレーションを起こすことがあります

フラッシュ撮影での黒板までの距離

フラッシュが10m届くからといって、黒板の位置が10m離れてよいというわけではありません。「黒板の文字が読める」ことが前提ですから、黒板の位置は

3m以内にしましょう（☞57・58ページ）。逆に黒板が近づきすぎると肝心の被写体を隠してしまうばかりか、相対的に背景が暗く写ります。

■10m

これでは黒板の文字が読めません。また、光量が最大になり、近距離では激しくピンボケになるため「雪降り」（☞70ページ）が発生します

■2.5m

28mm相当では、撮影距離2〜2.5mくらいがちょうどよい距離になります。背景はやや暗くなりますが、黒くつぶれるほどではありません

■1.2m

黒板が大きすぎます。また、被写体が近づけば近づくほど背景は暗くなっていきます。1歩離れて撮るようにしましょう

フラッシュOFF（発光禁止）モードを使う

　薄暗くてもフラッシュが使えないときや、被写体までフラッシュ光が届かないときは、「発光禁止モード」で撮るとまわりの明るさ（暗さ）に応じてシャッタースピードが延長され、薄暗いところでもキレイに撮れます。しかし、この場合カメラブレを起こしやすいので必ず三脚を使用しましょう。

■フラッシュOFF

ホワイトバランスを「マニュアル」に設定し、三脚を使って撮影しました

薄暗い被写体に対して、フラッシュも三脚を使わず、不用意にシャッターを押すとカメラブレを起こします

スローシンクロを使う

　背景を暗くしないで、黒板は明るくしたい——というときにおすすめなのが「スローシンクロ」撮影です。

　スローシンクロとは、スローシャッター中にフラッシュをシンクロ（同調）させる撮影方法です。フラッシュをAUTOにすると、シャッター速度は手ブレ限界速度で打ち切りになりますが、スローシンクロモードでは、暗いところではシャッター速度が延長され、背景も明るく写すことができます。フラッシュの発光禁止と同様、カメラブレが起きますから、必ず三脚を使用しましょう。

■スローシンクロ

三脚を使用してスローシンクロで撮った写真。フラッシュ光の届く距離にある黒板も、届かない距離にあるトンネルも明るく写っています

トンネル内での撮影のコツ

多粉塵所ではフラッシュOFF

工事写真で最も難しい撮影環境は粉塵の舞う暗い場所です。このような場所でフラッシュを使って撮影すると、フラッシュの光が当たった手前の粉塵が大きくぼけて写り込み、まるで雪が降っているように写る「雪降り」(☞用語解説)と呼ばれる現象が起きるからです。このような場所ではフラッシュを発光禁止にして三脚を使って撮影しましょう。人工照明下での撮影になりますので、ホワイトバランスの設定にも気をつけましょう(☞37・40ページ)。

フラッシュを発光禁止にすると、雪降りは起こりません。三脚を使用し、ホワイトバランスを手動設定しています

フラッシュを使うと、雪降り現象が起こります

用語解説 雪降り

フラッシュを使って撮影する際、雨や雪、ホコリや粉塵などがフラッシュの光に反射して、雪が降ったように写る現象。暗い場所で比較的遠距離にピントを合わせフラッシュを使用すると、フラッシュは最大発光し絞りも開放になります。そのため、フラッシュの直前にある物体(粉塵)がピンボケのハレーションを起こし、まるで雪が降っているように写り込みます。

丸い発光体が写る雪降り

補足解説 ホワイトバランスの手動設定

「雪降り」を防ぐにはフラッシュを使わないことが最善策。フラッシュを使わずに被写体の色を正確に再現するには、ホワイトバランスの調節が重要です。リコー G900の場合、正確な色再現のためにはホワイトバランスを「マニュアルWB」に合わせ、133ページのグレーターゲットを画面の中央に差し入れFnボタンを押します。モニターに写るグレーターゲットが正しい色になったら[OK]ボタンを押して設定完了です。ホワイトバランスの手動設定の方法はデジカメによって異なるので、カメラの説明書を読んでください。

三脚を使ってフラッシュ発光禁止モードで撮影した写真

工事現場でデジタル一眼を使ってみる

工事現場で一眼レフカメラを使うのが難しいのは、精密で可動部分の多い一眼レフは、雨や微細な砂・ホコリなどがカメラの故障を引き起こすからです。しかし最近では防水・防塵のデジタル一眼レフが登場しました。全ての交換レンズに防水・防塵処理が施されている訳ではありませんが、現場での耐久性が向上し、今まで難しかった撮影も可能になりました。

超・広角レンズを使う

「つなぎ写真」が禁止されたことで、広い現場の写真は左右それぞれに撮影し、別々に提出する必要があります。広角28mmでは全体が一枚に収まらず、ワイドコンバージョンレンズを装着しても入りきれない現場では、超・広角レンズが大いに役に立ちます。

64ページで紹介した砂防堰堤は一度土石流で破壊されましたが、復旧工事が進み、これは進捗状況を報告するための写真です。前回は左右に分けて提出しましたが、今回はsmc PENTAX-DA 12-24mmの12mm側（18mm相当）のレンズを使用し、一枚に収めることができました。カメラはいずれもPENTAX K-3 IIを使用

28mm相当のレンズでは収まりきれません

工事現場でデジタル一眼を使ってみる

素早く厳密なマクロ撮影を行う

デジタル一眼なら、マクロ撮影もカンタンです。特に天気の悪い日は明るさが足りなくなるので、難易度が高くなりますが、一眼レフを使えば精度の高いマクロ撮影を行うことができます。

マクロ撮影のコツは、いったんAFでピントを合わせたら、半押しのままで、ヘリコイド（ピントを合わせるリング）は回さずに、撮影者自身が前後に小さく動くことです。呼吸を整えることがポイントです。

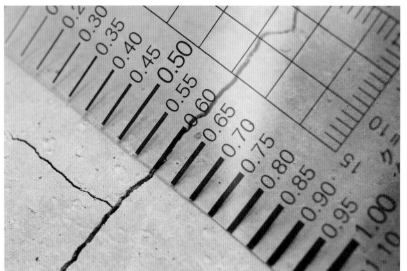

コンクリート構造物は、材料の特性から乾燥収縮によるある程度のひび割れは避けられないもので、表面に細かいひび割れとして発生します。これらの細かいひび割れを一般にヘアクラック（髪の毛のような細かくて長いひび割れ）といい問題とならない場合が多いです。これに対して建物の歪みや不同沈下等に伴い生じる構造クラックのほか、モルタルの品質や施工不良により生じる有害なひび割れがあります。将来的にひび割れの幅が広がって問題となると思われる時は、証拠として残しておきましょう

いったんピントを合わせたら、半押し（AFロックのまま）で撮影者が前後に動きます。息をゆっくりしながら、ピントの合った瞬間に軽く息を止めシャッターを切ります。レンズは、HD PENTAX-DA 35mmF2.8 Macro Limited（53mm相当）を使用

マクロ写真だけでは意味がありません。状況が分かる写真も撮っておきましょう

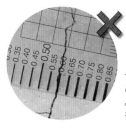

クラックメジャーの数字とクラックが重ならないように、カメラアングルを微調節しましょう

狭い室内で外付けフラッシュを使う

狭い室内での撮影では、超・広角レンズを使う必要があり、しかもフラッシュを使う必要に迫られます。その際、フラッシュを直接被写体に向けると、必ず周辺に光量不足が生じ、中心部は露出オーバーになっ

てしまいます。

デジタル一眼には発光部の角度を自由に変えられる、専用の外付けフラッシュが用意されています。上手に使って、良質な室内写真を撮りましょう。

周辺部は暗くなります

中心部は明るすぎに写ります。もし中心部に滑面（つるつる光る面）があれば、必ずハレーションを起こします

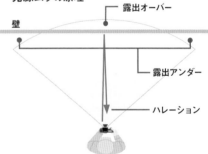

光源ムラの原理

壁
露出オーバー
露出アンダー
ハレーション

近距離でしかも超・広角レンズを使い、フラッシュ撮影すると、中心部分だけが明るく、周辺は光量不足になります。また、中央付近に滑面があるとハレーションを起こします

フラッシュを被写体に直接当てるのではなく、天井や壁などに反射（バウンス）させて光を部屋全体に回すのがポイントです。このテクニックは、室内でのフラッシュ撮影の基本で、さまざまなシーンで大活躍します。レンズは smc PENTAX-DA 12-24mm、オートフラッシュ AF360FGZ IIを使用

公共工事における
工事帳票のつくり方

工事帳票とは、公共工事でやり取りされる書類全般の総称です。そのうち、写真の撮り方が重要なのが、「工事打合せ簿」や「段階確認簿」です。それらについて説明します。

工事帳票の電子形式を決める

国土交通省策定の「電子納品等運用ガイドライン」は、電子納品を実施するにあたり、対象範囲、適用基準類、受注者及び発注者が留意すべき事項などを示したものです。

電子納品および電子検査を円滑に行うため

に、工事着手時に「事前協議チェックシート」を活用して、事前に協議・決定しておきましょう。

また、その書式は発注者によってまちまちですから、受注したら監督職員と書式について話し合っておきましょう。

電子納品・電子検査　事前協議チェックシート(土木工事用)(例)

(1)協議参加者

発注者	事務所名		実施日　令和　年　月　日
	役職名		
	参加者名		
受注者	会社名		
	役職名	(現場代理人)	
	参加者名		

(2)工事管理情報

発注年度(西暦)	
工事番号(CCMS設計書番号)	
工事名称	
工期開始日	令和　年　月　日
工期終了日	令和　年　月　日

(3)適用要領・基準類

工事完成図の電子納品等要領	□H28.03 □H31.03 □R2.03 □R3.03 □R4.03 □R5.03	電子納品等運用ガイドライン【土木工事編】	□H28.03 □H30.03 □H31.03 □R2.03 □R3.03 □R4.03 □R5.03
CAD製図基準	□H28.03 □H29.03	CAD製図基準に関する運用ガイドライン	□H28.03 □H29.03
地質・土質調査成果電子納品要領	□H20.12 □H28.10	電子納品運用ガイドライン【地質・土質調査編】	□H28.12 □H30.03
デジタル写真管理情報基準	□H28.03 □R2.03		
道路工事完成図等作成要領	□H20.12	土木工事等の情報共有システム活用ガイドライン	□H31.3 □R2.03 □R3.03

※ 適用基準等については、必要に応じ適宜追加を行い利用する。

(4)利用ソフト等

対象書類	ファイル形式(拡張子)	発注者利用ソフト (バージョンを含めて記載)	受注者利用ソフト (バージョンを含めて記載)
工事帳票	一太郎形式(.jtd)		
	Word形式(.docまたは.docx)　※2		
	Excel形式(.xlsまたは.xlsx)　※2		
	PDF形式(.pdf)　※1		
	その他(.xxx)		
工事写真	JPEG形式(.jpg)またはTIFF形式(.tif)		
工事完成図	SXF形式(.P21またはP2Z)		
電子成果	チェックシステム		

※1 提出・検査時は発注者間で交換・共有する画面も含む。
※2 再利用等のため、ファイル間でリンクや階層を持った資料など、要領・基準によりがたい場合は、ファイルを圧縮して電子媒体に格納するなど、受注者側で対処方法を決定する。

(5)情報共有システムの活用

情報共有システムの活用	種類	□ASPサービスの名称(　　　　　　　　)	
	機能	必須利用機能	任意利用機能
		□発議書類作成機能	□掲示板機能
		□ワークフロー機能	□スケジュール管理機能
		□書類管理機能	
		□工事書類等出力・保管支援機能	

(6)インターネットアクセス環境

発注者	最大回線速度	□1.5Mbps以上	□384Kbps以上	□128Kbps以上	□128Kbps未満
	電子メール添付ファイルの容量制限	□5Mbyte以上	□3Mbyte以上	□3Mbyte未満	□2Mbyte未満
受注者	最大回線速度	□1.5Mbps以上	□384Kbps以上	□128Kbps以上	□128Kbps未満
	電子メール添付ファイルの容量制限	□5Mbyte以上	□5Mbyte以上	□5Mbyte未満	□3Mbyte未満

(7)発注図の貸与

発注図(変更図面も含む)の貸与方法	□電子媒体	□情報共有システム	□電子メール	□その他

(8)電子成果とする対象書類

ボーリング等の地質調査の実施	□実施	□実施しない(BORINGフォルダ不要)
「道路工事完成図等作成要領」の適用	□適用	□適用外(OTHRSフォルダ不要)

(9)電子成果品及び工事帳票のフォルダ・ファイル構成

フォルダ		ファイル名	作成者		備考
	サブフォルダ		発注者	受注者	

「事前協議チェックシート」を使えば、受注者と監督職員の間で取り決める電子納品にかかわるさまざまな要素が包括的に確認できます

適用する各電子納品要領・基準及びガイドライン

受注者が作成するオリジナルファイルのファイル形式、ソフトウェア及びバージョン

工事施工中の情報交換・共有方法(工事写真の提出方法、工事帳票の交換・共有方法)

電子成果品とする対象書類

電子納品に関する要領・基準・ガイドライン等の資料は、http://www.cals-ed.go.jp/からダウンロードできます。

写真が重要な工事帳票

工事帳票の種類は多岐にわたり、網羅的に説明することはできませんが、特に写真を添付することによって、説明内容が明確になる「工事打合せ簿（以下、打合せ簿）」と、写真を添付することによって説明責任がより深く明示できる「段階確認簿」について紹介します。

打合せ簿

受注者と発注者の間でやりとりする文書が「打合せ簿」です。土木工事では「土木工事共通仕様書」、建築工事では「公共建築工事標準仕様書」の「用語の定義」の条文に、その種類が定められ、どの種類も書面での提出を求められています。

図面や文章だけの状況説明資料では分かりにくいので、理解されやすい打合せ簿を作成するには、状況説明を明らかにした写真を添付することが求められています。

所定の様式のほかに、写真を活用した参考書類等を添付するとよいでしょう。

指示	指示とは、契約図書の定めに基づき、監督職員が受注者に対し、工事の施工上必要な事項について書面により示し、実施させることをいう
協議	協議とは、書面により契約図書の協議事項について、発注者または監督職員と受注者が対等の立場で合議し、結論を得ることをいう
承諾	承諾とは、契約図書で明示した事項について、発注者若しくは監督職員または受注者が書面により同意することをいう
提出	提出とは、監督職員が受注者に対し、または受注者が監督職員に対し工事に係わる書面またはその他の資料を説明し、差し出すことをいう
報告	報告とは、受注者が監督職員に対し、工事の状況または結果について書面により知らせることをいう
通知	通知とは、発注者または監督職員と受注者または現場代理人の間で、工事の施工に関する事項について、書面により互いに知らせることをいう
提示	提示とは、監督職員が受注者に対し、または受注者が監督職員または検査職員に対し工事に係わる書面またはその他の資料を示し、説明することをいう。工事書類の簡素化が進み、いろいろな書類の提出が不要になったため、求められれば示す書類のことをいう。提出の必要はない

段階確認簿

段階確認とは、設計図書に示された施工段階、または監督職員の指示した施工途中の段階において、監督職員が臨場等により、出来形、品質、規格、数値等を確認することで、「段階確認簿」とはそれを実施した記録の帳票です。代表的な工種、時期、方法は「土木工事共通仕様書（案）」に規定されています。また、監督職員が必要と認めたもの、受注者が必要と考え施工計画書に記載した工種の各段階についても必ず実施してください。特に工事完成検査時に現地で確認できないものに不可視部分（完成後、現地で確認できないもの）や、工事施工後に変状する可能性のあるものがあり、それらは特に重要です。

段階確認を怠ると、思わぬ損失が起こります。例えば、基礎工の高さを測らずに埋め戻しを行ったため、検査時に所定の規格値に入っているかどうかの判定ができず、舗装を撤去して掘削のやり直しを命じられたことがありました。その手戻り費用は請負者の負担となり、それに伴う工期の遅延があると違約金などの手続きが生じることにもなりかねません。段階確認は受注したら計画的に確実に実施しましょう。

工事帳票のつくり方

簡単な工事帳票はワープロソフトでもつくれる

簡易な打合せ簿や段階確認簿等は、工事写真管理ソフトがなくてもワープロソフトや表計算ソフトでも作成できます。例えば、Wordを使って写真を貼り付けその解説を記入した書類を作成し、PDFに変換すれば工事帳票としての体裁は整います。

【段階確認簿】出来形確認

■説明写真

作成したWordの文書をPDFに変換します

砂防堰堤の形の変わる所です。撮影箇所までは地盤から台形にコンクリートを打ち上げてきましたが、ここから数メートルは垂直に打ち上がり、直接測定できなくなるので、不可視確認を兼ねて出来形の測定をしているところです。

受注本社からも確認のため品質証明員が来て、発注者の代理確認を行っています。品質証明員とは、出来型、品質、施工がきちんと行われているかどうかを確認する専門の検査員です

■段階確認簿

■測定結果一覧表

作成した「説明写真」は、「段階確認簿」や「測定結果一覧表」等とセットにして提出します。発注者や工事の内容によって、書類の様式は異なります

複数のソフトで工事帳票を作る場合
ExcelやWord、CADなどの複数のソフトで作成した書類をひとまとめにして工事帳票を作成したいという場合、各ソフトでそれぞれの工事帳票をPDFに変換し、Acrobatでひとまとめにします。

協議簿は具体的にはっきりと書く

協議とは「発注者または監督職員と受注者が対等の立場で合議し、結論を得ること」です。対等の立場ですから、遠慮は禁物。誰が見ても言いたいことがはっきりと分かり、結論が出るように書きましょう。

問題が起こったときは、論理的に詳しく状況を説明し、責任の所在を明らかにしておきましょう。契約やお金に関わるため、決して曖昧にしないように。単に「…どうしましょう?」的な書類は評価されません。

【協議簿】問題発生

■説明写真

砂防堰堤基礎地盤　地質の変更
全景

近景

設計よりも岩盤が浅く出た時の協議例です。現場に標尺などで距離などを明確に示す方が良いのですが、時間を優先するために、ワープロソフトなどを使い、現場写真を用いて書類を作成した例です。工事が手戻りにならないように、状況が変わったら速やかに協議するようにしましょう

実務上、受注者からの工事打合せ簿により監督職員と協議される事項が多くあります。協議内容は、設計図書と工事現場状態の不一致によるものが多く、その場合、工事数量及び構造変更等の設計変更に関わります。充分な現地調査、構造の検討を行い、協議内容(理由、対策検討の内容、数量、形状寸法、施工方法等)を打合せ簿に明確に記載して協議を行なわなければなりません。ただし、工事の進捗が最優先のため協議当初は、詳細図(正確な寸法が記載された図面)は不要とし、設計図書に対して発生した事象や内容が分かる写真と、対応策のみを適切に記載し処理します。詳細図は、方針等が定まった段階で必要により作成するものとし、頻繁な差し替え等は行わないようにしましょう

■工事打合せ簿

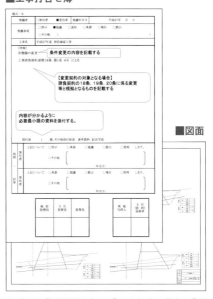

■図面

作成した「説明写真」は、「工事打合せ簿」や「図面」とセットにして提出します

工事帳票のつくり方

不可視部分の撮影は積極的に

不可視（ふかし）部分とは、工事が進むと隠れて見えなくなるところです。仕様書には書かれてなくても、できるだけ撮っておくようにしましょう。一見無駄のようにも思えますが、何かことが起こったときに、重要な証拠になります。近年では完成引き渡し後の不具合についても施工者責任が追求されることがあるため、保険としても写真は必要です。発注者からの指示がなくても、積極的に撮っておきましょう。何かあったときに、一枚の写真が、受注者を救うことがあります。

【段階確認簿】不可視部分

現場状況写真

コンクリート擁壁工
確認立会（不可視部）
出来形測定
重力式擁壁　3号　4号
高さ　　巾
EC. 2　　　EC. 3
平成 22 年 7 月 8 日
立会人　中野監督員

コンクリート擁壁工
確認立会（不可視部）
出来形測定
3号重力式擁壁
高さ
EC. 2
平成 22 年 7 月 8 日
立会人　中野監督員

コンクリート擁壁工
確認立会（不可視部）
出来形測定
4号重力式擁壁
高さ
EC. 3
平成 22 年 7 月 8 日
立会人　中野監督員

構造物の基準高さなど、施工後には埋設し、現地を確認できない「不可視部分」や、施工後に洪水等により変状してしまう可能性がある護床ブロックなどの「変状するもの」は、証拠として必ず写真を撮っておきましょう。段階確認を徹底するために、共通仕様書に規定されている段階確認項目は必ず実施すること。検査時に写真での説明が充分にできないと考えられるものは、監督職員と協議して段階確認の項目に入れておくようにしてください。いずれにしても、施工計画書の「段階確認、随時検査計画」の項目に詳細に記載し、監督職員と協議しておくことが重要です

<u>補　足　解　説</u>

写真の提出枚数を減らす工夫を

工事帳票に限ったことではありませんが、写真がデジタル化したことによって、お気楽に写真を放り込んだ書類が増えているようです。確かにデジタル写真はほとんどタダですから、迷った時にあれもこれも添付したい気持ちは分かりますが、見る側の負担は増大します。写真を撮るときはできるだけ少ない枚数で説明を網羅できるように。提出する写真は厳選し、充分かつ分かりやすい書類を作成してください。

おさえておきたい電子納品の基本知識

電子納品要領・ガイドラインは、発注者に引き渡す電子成果品のデータ形式や、データ作成の際に必要となる「属性情報」「フォルダ構成」「ファイル形式」などの標準仕様を定めたもので、一般土木、電気、機械工事に関して策定されています。本書ではくわしく説明することはできませんが、関連するキーワードについていくつか解説します。

XML

本格的な工事帳票は、XMLという一種のプログラム言語で記述されます。XMLとは、eXtensible（拡張可能な）Markup（見られる状態をつくり出す）Language（言語）という意味の世界共通言語です。工事帳票はXMLにDTDと呼ばれる独自のルールが書かれたファイルを加えて運用されています。DTDファイルは、国土交通省のホームページから入手できます。

提出したデータは、専用のブラウザ（ビューア／閲覧ソフト）で見たり加工することができ、データの蓄積、共有、公開など、さまざまな形で再利用できます。

PDF

電子書類の代表格の1つがPDFです。PDFとは、Portable（携帯可能な）Document（書類）Format（形式）という意味です。開発元は米国アドビ社で、同社のAcrobatというソフトで、PDFの作成や閲覧、転記などが行えます。電子納品における最新の改訂版では、PDFによる納品も認められるようになりました。

「土木設計業務等の電子納品要領・ガイドライン」では、スキャナーやコピー機から得たPDFは「ラスタ画像」（☞用語解説）なので不可。提出する際は、データを作成したソフトではなくPDFに変換したソフト名を記入します。特殊なフォントは使わない、パスワードを設けない、必ず「しおり」を付けるなどの指示がありますが、工事関係者が提出する書類については、それらの制約は設けられていません。

CAD/SXF

CADとは、Computer（コンピュータで）Aided（支援する）Design（設計・デザイン）の略です。

SXFは、異なるCAD間で図面データをやりとりする際に使用する中間ファイル形式で、図面の電子納品における標準ファイルという位置付けです。

このSXFには、国際標準の「P21」と、日本独自の規格である「SFC」の2種類が有ります。国土交通省や国のほかの機関はP21が標準規格ですが、県によっては、SFCしか認めていないところがあるので注意が必要です。

用語解説 ラスタ画像とベクタ（ベジェ）画像

画像には2種類あります。ラスタとは網目状に点を集めて画像を形成するビットマップ式の描画法です。一方、ベクタは数式を用いて座標上に線や面を描画します。この数式はフランス人のベジェ氏が発明したため、ベジェ画像とも呼ばれます。写真はラスタ画像で、拡大するとギザギザが出ます。CADはベクタ画像で、拡大してもスムーズに見えます。

左がラスタ画像。拡大するとこうなります。右はベクタ画像。拡大してもギザギザができません。CADやテキスト（文字）の多くはこの方法で表示されます

本格的な電子納品には支援ソフトを利用する

本格的な電子納品を行う場合は、管理ソフトなどの専用の支援ソフトの使用をおすすめします。階層化されたフォルダの作成程度は自力で何とかできますが、XMLに準拠した工事帳票をつくるには、パソコンのプログラムに精通する必要があり、ファイル名の命名規則や、各々の管理ファイルを作成するとなると、一筋縄ではいきません。

支援ソフトは、用途別、機能別に20種類ほど存在しています。価格もまちまちで、一部分を支援するフリー（無料の）ソフトから、ワークフロー全体を管理する数十万円のものもあります。どのソフトが自分の用途に適しているかの判断は難しいことと思いますが、ほとんどのソフトに無料体験版がありますので、試しに使ってみることをおすすめします。

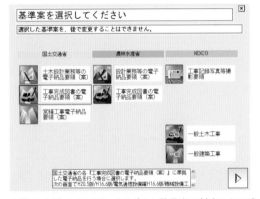

有料の支援ソフトでは、さまざまな基準案に対応した工事写真台帳を作成できる。図は支援ソフト「蔵衛門御用達」の例

同ソフトは、それぞれの納品要領に応じて写真情報を一括登録し、納品用データとして書き出すことができる。納品要領に応じたDTDファイルが内包されているので、適切なXMLファイルとして書き出すなど、電子納品をサポートする機能が搭載されている

補足解説 書類の電子化はこれからも進みます

公共工事の書類は、電子納品や工事帳票に限らず電子化する方向にありますが、発注者側の電子化が進まず紙での提出を余儀なくさせられている現場もあるでしょう。しかし、時間がかかっても書類の電子化は確実に進みます。すべての書類をPDFやドキュワークス※のようなファイリングソフトを使って電子化すれば、提出前のレベルでは紙の書類が不必要になります。さらに、メールでの提出が認められればその時間を工事の品質向上に充てられ人件費なども節約できます。また、過去の工事資料も1枚のDVDに収まるなど、トータルコストも激減できます。発注者側の電子化の遅れに関わらず、現場では積極的に電子化に取り組みましょう。

※ドキュワークス（DocuWorks）：フジゼロックスが開発した電子文書のファイリングソフト。紙の書類を扱う感覚で操作でき、あらゆる文書を電子化し、一括してファイリングできます。

chapter 3

技術を伝えるための
工事写真の撮り方

技術を説明する写真は
マクロ撮影で
細部も分かりやすく

職人さんの技術は、豊富な経験と緻密な工夫に満ちています。
その細かい心遣いを説明できる形で写し取るには
できるだけ対象に近付いて撮影する必要があります。

テーマは「分かりやすさ」

写真なら分かりやすく
伝えられる

　作家の井上ひさしさんは、「難しいことは分かりやすく、分かりやすいことは楽しく、楽しいことは深く、深いことは面白く伝えなさい」と言いました。この言葉は筆者の座右の銘です。

　工事写真は（特に土木工事写真では）主に「証拠」のために撮られますが、本来は技術の伝達と継承のために始まりました。日本が西洋の建築技術を学び始めた、明治時代のことです。西洋から呼び寄せた職人の技術を日本の職人のためにあまねく公開することが目的だったと聞きます。文化や言葉の違いもさることながら、のこぎりの使い方ひとつにも、大きな驚きがあったことは想像に難くありません。

　そうした努力の結果、日本の建築技術は飛躍的に向上しました。それに一役買ったのが「写真術」です。写真1枚からくみ取れる情報量は膨大です。文字も言葉も通じない建築現場で、当時は非常に高価だったはずの1枚の写真

がどれほど貴重な資料になったことでしょう。

　この章でお伝えしたいのは、そんな職人の心意気を伝える写真の撮り方です。

　苦労して身につけた技術の数々を、そう簡単に他人に教えてたまるものか、という職人の気持ちはよく理解できますし、教えたところでそう簡単に伝わるものではないことも承知しています。しかし、誰かがその技術を残し、伝えないと、未来はもっと殺伐としたものになるでしょう。新しい技術は大切なものですが、永く伝わる熟成した技術もまた大切です。依頼主に作業内容を理解して頂くことはもちろん、将来を担う若い職人のためにも、施工内容を写真で記録し、伝え残しておきたいものです。

詳細な技術はマクロ撮影で撮る

技術を伝えるための写真を撮るカメラには制限がありません。どんなデジカメを使っても問題ありませんが、小さいものを撮る機会が多いので、マクロ（近接）撮影ができることを前提に選びましょう。

マクロ機能か、マクロレンズか

細かい被写体を写すには、マクロ機能を搭載したデジカメか、マクロレンズが使えるデジカメが必要です。マクロ機能とマクロレンズは似ているようですが少し違います。

マクロ機能の定義は曖昧です。一般的なデジカメは人物の記念撮影に適すように設計されていて、最短撮影距離（ピントを会わせることができる最短範囲）は50cm程度です。それより近づいて撮れれば、マクロ機能が付いていると宣伝されます。つまり、マクロ機能とは一般のカメラより「近づいて撮れる」という意味です。

フィルムカメラでマクロ機能を持たせることは大変難しいことだったのですが、撮像素子が小さい、したがって焦点距離の短いコンパクトデジカメなら必然的に被写界深度が深くなるので、さほど苦労はありません。実際、ほとんどのコンパクトデジカメにマクロ機能が付いていると言っても過言ではないでしょう。

一方、マクロレンズとは、デジタル一眼用のマクロ撮影に特化して設計された交換レンズです。具体的には、レンズの駆動距離が長くピントの合う範囲が広い、レンズ構成も近接撮影に適した設計になっています。マクロ撮影では像が二重にぼける二線ボケが起こらないことが重要なので、単焦点レンズとなります。

手軽で簡単、失敗が少ないという意味では、マクロ機能が付いたコンパクトデジカメですが、ゆがまず正確で美しく撮れるという点ではマクロレンズに軍配が上がります。くわしくは、作例を見ながら説明しますが、どちらが自分の目的に合っているかで選ぶことが大切です。

「マクロ機能」とは「近接して撮影できる」という意味です。ほとんどのコンパクトデジカメで、マクロ撮影ができるようになっています

マクロレンズは接写専用レンズです。焦点距離も目的に合わせてさまざまなタイプがあります

客観的に作業が分かる「特等席」から撮る

伝えたい技術には2種類あるはずです。1つは見て分かること、そしてもう1つは見ても分からないことです。写真で説明できることは見て分かることだけですから、それが1番よくわかる「特等席」から撮るようにしましょう。「特等席」とは、客観的に作業の様子がよく見える位置（カメラアングル）です。

カメラアングルでもう1つ大切なのは、「職人さんの目」から見える位置、つまり、できるだけ作業をしている職人さんの目線で撮ることです。

マクロ機能で撮る

マクロ機能とは、単に近づいて撮れるという意味です。広角レンズのままで撮影すると、パースペクティブが大きくなり、しかもディストーション（☞92ページ）が起こるので、被写体がゆがんで写ります。

これを防ぐためには、少し離れて、焦点距離を伸ばす（ズームして望遠にする）ことです。ただし、焦点距離が伸びた分被写界深度が浅くなりピンボケのリスクが増します。また、レンズが暗くなることでシャッター速度が遅くなります。望遠での撮影時は、ブレとピンボケに十分注意しましょう。

レンズの焦点距離を伸ばす（望遠にする）とゆがみが少なくなります

広角レンズのままで近づいて撮ると、被写体がゆがみます

レンズの焦点距離を伸ばすと、F値が下がります。つまり、レンズが暗くなるということです。その結果シャッター速度が遅くなり、ブレが起こりやすくなります。失敗を防ぐにはISO感度を上げるか、三脚を使いましょう

マクロレンズで撮る

マクロレンズは長焦点系のものが多いので、被写体がゆがむ心配はほとんどありません。気をつけることは、ピンボケとブレだけです。

近づけば近づくほど被写界深度は浅くなりますから、撮影後はただちに写真を拡大表示してピントが合っているかを確認しましょう。

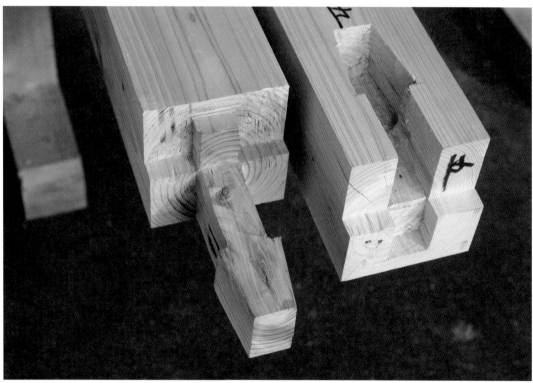

マクロレンズは近接撮影専用レンズですから、高品位な写真を撮ることができます

作業をする職人さんの手元は職人の「目」の位置から撮っておきましょう。職人さんの目に「何がどう見えているのか」を知ることは、若い職人には大いに参考になるからです。

この写真の場合、組木の面取りをしていますが、職人さんの左手に注目。四本の指ががっちりと角材の縁を捉え、親指が、ノミの行き先をしっかりとガイドしています。ノミを持つ右手は単に押す力のみで、左手の親指が重要な仕事をしていることが分かります

作業は順を追って、肝心な部分は精緻に撮る

　1枚の写真で、説明したいことをすべて表現するのは難しいものです。では、どんなアングルで撮っていけばよいのでしょうか。まずは、作業が理解できるように作業の順を追って撮ることが基本です。さらに、肝心の部分はマクロレンズやマクロ機能を使って、精緻に描写できれば完璧です。ここでの作例は、ホームコネクターの施工の様子を、50mm相当のマクロレンズと18〜20mm相当の広角ズームレンズを装着したデジタル一眼で撮影しています。

作業の全体像が分かるように撮る

　「ホームコネクターとは、木部結合部に金属性のアンカーを埋め込み、それをエポキシ接着剤で固定する技法であり商品名です。接合部を金属でジョイントするため、曲げ強度に強く、接着剤が木部に浸潤することで接合面積が拡大し、木部と金属部の最大摩擦を得ることで、引っぱりやねじれに強いという特長を持ちます」と、言葉で説明してもなかなかピンとくるものではありません。しかし、写真なら簡単に説明できます。

　撮影の最初のポイントは、「ホームコネクターとは何か」が分かるように撮ること。次に、作業の流れを示し、工法の全体像を明らかにすることが大切です。さらに、言葉では説明しにくい「コツ」の部分を、見えるように撮ることができれば大成功です。

作業の流れを撮る

穴の位置を正確にマーキングします　ジョイント金具の直径より二回り大きな穴を開けます　ジョイント金具を奥まで差し込みます

2液混合のエポキシ接着剤を注入します。これには、専用の注入器を使用します　接着剤がオーバーフローしたら注入完了　注入ピンを抜けば作業は完了です

ポイントを明確に撮る

技術の全体像が分かる象徴的な写真も大切です。作例では埋め込む部分にアンカーを置き撮影することで、ホームコネクターの構造を表現してみました。「どのようにアンカーを固定するのか」「どのくらいの強度があるのか」「この工法のメリット」などは、後からじっくり説明すればよいことです。

左ページの作業の流れを撮った一連の写真は、この部分にアンカーを入れエポキシ接着剤を注入する作業です（左）。この1枚の写真を撮っておくだけで、左ページの作業の目的が、より分かりやすくなります

「コツ」が見えるように撮る

工法の大枠が説明できたら、最後に「コツ」の説明に挑戦しましょう。作例でテーマにしたホームコネクターの場合、エポキシ接着剤がアンカーと木部の隙間を埋めつくすことで強度を得ています。そこで、写真では接着剤が完全に充填されていることが「見える」ように撮ることがポイントになります。

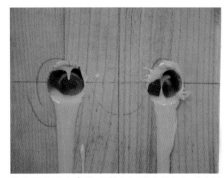

注入用のパイプピンを外すとこうなります。あとは接着剤が硬化するのを待つだけです。金属部が外気に触れることがないために、サビや結露の心配もありません

この1枚の写真が「コツ」を見えるようにしています。
接着剤が注入用のパイプピンからわずかに漏れ出し、木部の穴からオーバーフローしていることで、エポキシ接着剤が完全に充填されていることが理解できます

穴を同質の木材（ダボ）で埋めれば、カンナがけも可能。美しい木部の質感を味わうこともできます

施工内容の前と後を記録する

補修工事や営繕工事、内装工事といった作業は、必ず作業前の状態を撮影して記録しておきましょう。作業が進むにつれ、元の状態が分からなくなるからです。

作業前の写真は、発注者や管理者に対する説明責任を果たすだけでなく、トラブルになった場合の証拠になり、場合によっては保険の請求などにも役立ちます。

施工前の写真は施工技術の引き立て役

作業が終わってからでは元の状態が分かりません。

作業に入る前に、必ず「作業前」の写真を撮っておきましょう。「作業後」の写真と比べることで、作業者の努力が報われます。

既存の設備を撤去した状況。壁面に黒カビが発生しているのが分かります

既存の壁紙をはがした状況。このとき、黒カビの発生予測部位に、防カビ剤を散布します

■施工前

白い壁紙に囲まれた部屋なので＋1.0の露出補正（☞36ページ）を行い、壁紙に合わせてホワイトバランスを設定しています（☞70ページ）

■施工後

写 真 に 言 葉 を 添 え る と 説 明 力 倍 増

　本書の写真にはすべて、キャプションと呼ばれる説明文がついています。一見、何を説明しているか分からない写真も、付けられた説明文を読むことで、その意味が分かります。作例の内装工事の写真でも、細かいノウハウや手間を写真にすべて写し取るのはなかなか難しいものです。

　そこで、必要になるのが写真の説明文、つまりキャプションです。写真に上手にキャプションを付ければ、説明が何倍も分かりやすくなり、写真に写らないコツなども説明することができます。

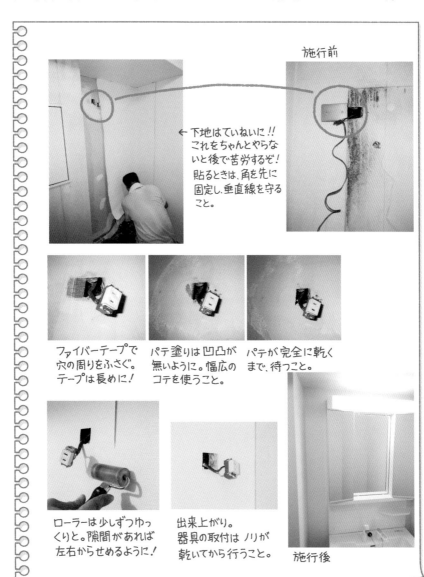

施行前

← 下地はていねいに!!
これをちゃんとやらないと後で苦労するぞ!
貼るときは、角を先に固定し、垂直線を守ること。

ファイバーテープで穴の周りをふさぐ。テープは長めに!

パテ塗りは凹凸が無いように。幅広のコテを使うこと。

パテが完全に乾くまで、待つこと。

ローラーは少しずつゆっくりと。隙間があれば左右からせめるように!

出来上がり。器具の取付はノリが乾いてから行うこと。

施行後

マクロ撮影ではピンボケとフラッシュに注意

マクロ撮影で気をつけなくてはならないことは山ほどあります。マクロ撮影はそれほど難しいのです。繰り返しになりますが、被写体に近接するとブレやすくなります。被写界深度が浅くなるのでピンボケもしやすくなります。また、広角レンズでは被写体がゆがみ、内蔵フラッシュが被写体を正しく照らせなくなることに気を付けましょう。

ピンボケとブレは三脚を使って防ぐ

マクロ撮影では極端に被写界深度が浅くなり、どこか1点にピントを合わせても、その前後は激しくピンボケになります。ピンボケを防ぐためには、絞りを小さくする（絞る）ことですが、絞りを小さくするとシャッター速度が遅くなり、ブレやすくなります。

解決方法は3つあります。十分な光量があれば、絞りは自動的に小さくなり、シャッター速度もさほど遅くなりませんから、日中の太陽光下で撮ること。ISO感度を上げる方法も有効ですが、あまり上げすぎると、画質が悪くなります。

最善策は三脚を使用することです。三脚を使えばブレの心配はありませんから、思い切って絞りを小さくすることができます。

■F2.5 1/125秒 ISO100 ✕

室内では絞りが開放状態になるので被写界深度が浅くなり、被写体の前後は激しくピンボケになります

■F16 1/5秒 ISO400

絞りを小さくすれば、被写界深度は深くなり、背景にもピントが合いやすくなります。当然、シャッター速度が遅くなるので、ブレないために、感度を上げるか三脚を使う必要があります

フラッシュを信用しない

コンパクトデジカメにおけるマクロ機能は、単にピントが合うことを保証しているだけで、内蔵フラッシュでの撮影品質は保証されていません。

至近距離で内蔵フラッシュを使っても、正しく被写体に照射されず、ハレーションも必ず起こります。マクロ撮影では、内蔵フラッシュを使わないことを前提に撮影しましょう。

最も簡単なのは、日中の光で撮ることです。肉眼できれいに見えていれば、写真もきれいに写ります。どうしても暗い室内で撮る必要があるときには、44ページで紹介した光を加える方法が有効です。色温度に注意して、撮るようにしましょう。

至近距離で内蔵フラッシュを使って撮影すると、フラッシュの光軸がズレるため、正しく写りません（上）。また、必ずハレーション（☞38ページ）が起こります（左）

chapter 4

作品を残すための記録写真の撮り方

撮影協力

瀬野和広＋設計アトリエ

瀬野和広(せの・かずひろ)プロフィール
1957年生まれ。'78年東京デザイナー学院卒業。大成建設設計本部などを経て、'88年瀬野和広＋設計アトリエ設立。日本建築家協会会員。CASBEEすまい研究開発小員会委員。東京都市大学都市生活学部非常勤講師。著書に『新しい木造住宅［計画・設計・施工］マニュアル』(エクスナレッジ刊)がある

LEVEL Architects

中村和基(なかむら・かずき)
プロフィール
1973年生まれ。日本大学理工学部建築学科卒業後、納谷建築設計事務所を経て、2004年LEVEL Architects設立

出原賢一(いずはら・けんいち)
プロフィール
1974年生まれ。芝浦工業大学大学院工学研究科建設工学専攻修了後、納谷建築設計事務所を経て、2004年LEVEL Architects設立

建築作品の記録写真を設計者自身が
上手に撮る方法

愛情込めて設計した建物も、建て主に引き渡した瞬間から
設計者のものではなくなります。
せめて施工中に多くの記録写真を撮っておきましょう。

建築写真のためのデジカメ選び

建築写真では、室内を広く見せたり、引き（後退する余地）のない現場で全景を写すために、できるだけ焦点距離の短い、超広角レンズが必要です。また、作品をきれいに記録するためにも、予算の許す限り高解像度のデジカメを選びましょう。

デジカメとレンズ選びのキーワード

レンズの焦点距離

建築写真には、思い切った広角レンズが必要です。28mm相当程度のレンズでも何とかなりますが、できれば24mm相当以下の超広角レンズがおすすめです。

パースペクティブ

写真は三次元の被写界を二次元（平面）化する行為ですから、多かれ少なかれどこかにゆがみが生じます。パースペクティブと呼ばれる独特の遠近感を持ったゆがみは、焦点距離が短くなればなるほど大きくなり、撮影距離に応じて、手前の被写体は大きく、奥の被写界は小さく誇張されて写ります。

ディストーション

写真にはディストーションと呼ばれるゆがみも生じます。ディストーションはパースペクティブとは異なる原理で起こります。パースペクティブが被写体との相関距離によって起こるのに対し、ディストーションは、レンズ固有のクセで起こります。

ディストーションのない広角レンズは存在しません。問題はその量と質です。最近は非球面レンズや、高屈折低分散ガラスなどの最新技術によって、ほとんどディストーションを感じないものもあります。

建築写真は「ゆがみ」との戦いです。タテヨコの直線がわん曲しないレンズを選択しましょう。

用語解説 ディストーション

レンズ固有の「ゆがみ」です。大きく分けると、「樽型」と「糸巻き型」に分類されます。近年は、非球面レンズなどの開発により、ディストーションが緩和された「陣笠型」が増えています。

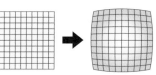

平面の物体 　 樽型 　 糸巻き型 　 陣笠型

コンパクトデジカメは24mm相当のレンズを選ぶ

数多くのコンパクトデジカメが発売されていますが、「作品写真を残す」ことを目的とする場合、選択肢はある程度限られます。建物をきれいに撮るには、できるだけゆがまない超広角レンズを搭載していることが条件になります。

現在売られているコンパクトデジカメのレンズの最短焦点距離は24mm相当です。ゆがみの少ない24mm相当のレンズを搭載した製品を選びましょう。

コンパクトデジカメは、できるだけゆがみの少ない24mm相当が使えるものを選びましょう

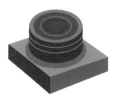

リコー GXR

デジタル一眼はレンズで選ぶ

本格的な作品写真を撮りたいなら、デジタル一眼を選びましょう。デジタル一眼選びも重要なのはレンズです。極端な書き方をすると、ディストーションの少ない超広角レンズが使えるのであれば、デジカメ本体は何を選んでもよいのです。

レンズは思い切った超広角レンズを選びましょう。22mm〜26mm相当（APS-Cの場合11〜16mm）といった、極端に焦点距離の短いレンズを1本用意できると建築写真の表現力が一気に高まります。

デジタル一眼はレンズを付け替えることができます。ゆがみの少ない、超広角レンズを選びましょう

店頭でできるレンズのゆがみの確認方法

デジカメはレンズを見て選ぶべきです。手っ取り早いのは、お店で実物を手にとって、ディストーションをチェックしてみることです。

ディストーションのチェックの仕方は、まずデジカメを水平に構え、水平に移動させます。このとき、液晶モニタやファインダに写る柱などの垂直線が、カメラの動きによってどのようにゆがむかを見ます。次に垂直移動させて、水平線がどのようにゆがむかをチェックします。

レンズにはディストーションがつきものなので、垂直線・水平線ともに画面の端では曲がって見えます。これがレンズのディストーションです。このゆがみがなるべく少ないレンズが、建築写真に向いているレンズと言えます。

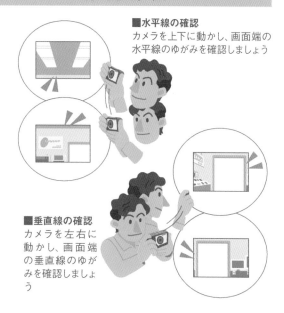

■水平線の確認
カメラを上下に動かし、画面端の水平線のゆがみを確認しましょう

■垂直線の確認
カメラを左右に動かし、画面端の垂直線のゆがみを確認しましょう

作品写真はRAWで撮影

デジタル一眼や高級コンパクトデジカメでは、RAWデータでの撮影ができます。RAWとは文字通り「生の」という意味で、撮像素子が取り込んだ情報をすべて記録する撮影方法です。このデータ形式で撮影しておくと、撮影後の写真の修正がしやすく劣化も少ないといった、作品としての写真をつくり込むのに適したメリットがあります。

JPEG撮影の問題点

デジカメの標準設定では、撮影した写真はJPEG形式で保存されます。データ容量が小さくたくさんの写真を撮れるJPEG形式ですが、実はいくつかの弱点があります。JPEG形式の画像は水平方向の色情報が間引きされているほか、12ビットから8ビットに変換されます。また、非可逆（元に戻せない）圧縮がかけられるため、保存する度に画質が劣化していきます。下図で示した通り、画像の補正によっても劣化していきます。一方、RAWデータはデータ容量は大きいものの、劣化しません。

■JPEG写真元画像

JPEG写真を補正

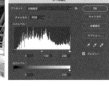

JPEG画像を補正すると、画像の欠損が起きヒストグラムにも欠損が生じています

■RAWデータ元画像

元画像のヒストグラムは、JPEGもRAWも同じです

RAWデータを現像

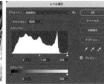

RAW画像を現像しても、画像の欠損が起こりません

RAWデータのメリットとデメリット

RAWデータは撮像素子から取り出された情報を100％記録しているので、画像の劣化がありません。また、ホワイトバランスやビビット、シャープなどのパラメータ（撮影条件値）に依存しないので、これらの設定を気にすることなく撮影でき、撮影後にじっくり好みの写真に仕上げることができます。

直接見ることができないRAWデータを見える状態にして調整することを「現像」と呼びますが、RAW現像ソフトで行う補正では元のデータに影響を与えませんので、何度でもやり直しができる上、画像を劣化させる心配もありません。

そんな、いいことずくめに思えるRAWデータですが欠点もあります。RAWデータはメーカーやデジカメの機種ごとに独自のデータ形式になっているため、互換性がありません。また、データ量が非常に大きく、JPEG形式に比べて10倍以上になることもあります。それにともない、メモリカードが大容量のものが必要になり、パソコンもより高性能なものが求められます。

建築写真の命は構図、撮影は冷静に取り組む

　建築写真を撮る上で最も重要なことは「落ち着いて撮る」ことです。工事中であれ竣工後であれ、現場は何かと慌ただしく、ついつい慌ててしまいがちですが、それでは大切な構図がおろそかになってしまいます。落ち着いて冷静に撮るように心がけましょう。

水平・垂直を意識する

　建築写真ではカメラが斜めにならないように気をつけましょう。ファインダーや液晶モニタの上辺や底辺に水平線を合わせ、そのままゆっくり撮りたい構図に戻します。垂直線も同様にカメラを左右に振り、垂直線を意識して構図するのがポイント。呼吸を整えて、水平・垂直線を意識することで、写真に心地よい安定感が生まれます。

インテリアの写真。水平・垂直が合っていないと不安定な構図となります。水平・垂直は三脚を使ってじっくり合わせるのが理想ですが、手持ち撮影の場合はファインダーやモニタの枠を参考にして慎重に合わせましょう

余計なものに気を付ける

　建築写真でよくあるのが、撮影に夢中になりすぎて撮影時に邪魔なものが写り込んでいるのに気付かない失敗です。そうならないために、撮影前にはじっくりと被写体と周囲の状態を観察しましょう。電柱や電線、立ち木など、被写体を遮る余計なものは、カメラアングルをちょっと変えるだけで解消できることも多いものです。

右の写真は街路灯が邪魔になり、建物の雰囲気を損ねています。立ち位置をちょっと変えれば街路灯は写らなくなるので、落ち着いて構図を決めましょう

補足解説 **シャープな写真を撮るためには**

写真は「点」の集まりですから、点が小さければ小さいほどシャープな画像ということになります。点が大きくなるのがボケ、点がズレるのがブレです。絞りをできるだけ絞って点を小さくすること、三脚を使って点がズレないようにすることが「ポイント（要点）」です。

構図は竣工を想定して決める

　一般の人が工事中の現場に足を踏み入れても、工事中の建物がどんな形になっていくのか想像もつきません。しかし設計者は別です。骨組みを見て、そこにどんな壁紙が貼られ、どんな照明がつくのか、コンセントの位置も床の仕上がりもハッキリと見えているはずです。もしかしたら、そこに暮らす家族の笑い声も聞こえているかもしれません。

　そんな設計者だから撮れる写真があります。完成後の姿を思い浮かべながら、構図を決めてください。一定の場所から写真を撮り続けることを定点観測と呼びます。建物のできあがりを想定して、竣工写真を撮る構図を想定して、工事中から写真を撮っておきます。現場では床の高さが竣工時と違ったり、障害物があったりなど、完全に同じ場所から同じ構図で写真を撮り続けるのは不可能ですが、なるべく同じ構図で工事中の姿を撮影しておくことで、建物がつくられる過程を分かりやすく記録することができます。ここでは、瀬野和広＋設計アトリエ設計の「O邸」、LEVEL Architectsの設計「H邸」を例に、建築家が撮る工事写真の撮り方を解説していきます。

CASE1　O邸リビング

　O邸の敷地が幸運だったのは、目の前が歩道となった暗渠だったことです。南面の開放的な窓から、1年を通してそこに立つ桜の変化を楽しむことができます。暗渠に面した壁面をすべて開口としたことで、室内と屋外の空間が融合し、決して広くない床面積ながら、広々とした開放感を感じることができます。

　この開放感あふれるリビングの施工の様子を、S10 24-72mm F2.5-4.4 VCレンズユニットを搭載したコンパクトデジカメ、リコー GXRで定点観測しました。

1 上棟式の日の2階リビングダイニングの様子。竣工写真を想定して中央の梁が画面の中心になる構図とした

上棟式から1カ月後の様子。撮影位置を正確に記録しているわけではないが、中央の梁が目印になり前回とほぼ同じ構図で撮影できている

竣工時の写真。同じ構図で工程を追うことができている

構図は竣工を想定して決める

CASE2 H邸外観

H邸の最大の特徴は、ガレージの上にせり出した2階のリビングキッチン。柱のない持ち出し構造とすることで外観がスッキリとするとともに、自動車の出し入れのしやすい駐車スペースを得ることができる、機能性と両立されたデザインです。

この持ち出し部分を、まだ、建物の形がまったく見えない基礎の型枠工事の段階から、トキナーAT-X 116 PRO DX（11〜16mm F2.8）レンズを装着したデジタル一眼、キヤノン5D markIIで定点観測しました。

間口が狭く奥行きの深いH邸のほぼ中央には、京都の町屋づくりを彷彿とさせる中庭があります。2階の廊下を渡るとき、すっと気分が変わることでしょう

1

基礎の型枠工事中の様子。この状態では建物の形がまったく想像できませんが、設計者の出原賢一氏に2階の先端部までの高さを指示してもらい撮影しました

2

基礎の型枠を外した状態。目印がないものの、極力 **1** と近い構図になるように撮影した。できれば、この構図で定点観測を続けたかったのですが……

基礎工事終了時の写真。一見何の問題もない写真に見えますが、竣工後に同じ構図で撮影すると2階部分が画面からはみ出してしまい、対比が難しくなります。工事写真はあくまでも、竣工後の姿を想像して撮影することが大切です

建て方が終わり、やっと建物の輪郭を目にできました。足場や資材の関係で、**1 2** の位置から撮影することができなくなったので、撮影場所をやや左にずらしました

足場が外れ、建物の外観はほぼ完成といった状態です。**1** と対比させるために、設計者の出原氏に **1** と同じ場所に立ってもらいました

隠れる部分を写真で説明する

設計者が心をつくした工夫は、建物ができあがるにつれ隠され、見えなくなることが多いものです。そんな工夫や技術の記録は、設計者自身が撮影して記録しておきましょう。

自分の家に込められた心遣いや工夫は、建て主にとっても喜ばしいものですから、こういった写真は設計者の仕事の成果をアピールするのにも利用できます。

CASE1　O邸防音室

ギターが趣味の建て主のたっての希望で計画された防音室。床面積10坪を切る狭小住宅の工事費の中から、防音室の予算をねん出するのは困難を極めました。

工夫したのは、防音室の直上の2階バスルームと洗面所の床に敷いた防音・防水の鉛シート。これにより、天井部の防音を低予算で確保しました。また、内壁の石膏ボードは間に同じ鉛シートを挟み2枚重ねとしました。これらの工夫を、S10 24-72mm F2.5-4.4 VCレンズユニットを搭載したコンパクトデジカメ、リコー GXRで撮影しました。細かい部分の撮影はA12 50mm F2.5 MACROを使用しています。

防音室の内壁には、12.5mmの石膏ボードを2枚重ねにし、間に鉛入りの防音・防水シートを挟んでいます。ここでは石膏ボードの厚みを表現するために差金を当てて撮影しました（左）。ただし、寄りの写真だけではどの部分の写真か分かりづらいので、周囲の様子がわかるちょっと引いた写真もあわせて撮ってきました。こうすることで状況が分かりやすくなります（下）

音漏れの原因となる配線や配管部の隙間はすべて、防音シートで
ふさいでいます。その様子をマクロレンズで撮影しました

防音室の真上に当たる、2階バスルームと洗面所の床に
敷きつめられた鉛入りの防音・防水シート。普通に撮影す
ると単なる黒い面にしか見えないので、シートの一部を指
で浮かせて撮影しました

■補正後

■補正前

竣工時の防音室の写真です。24mm相当のレン
ズでは室内をすべて写し取ることはできません
が、パースペクティブと水平垂直を補正しておく
ことで、整った印象にすることができます（☞107
ページ）

隠れる部分を写真で説明する

CASE2　H邸持ち出しの梁

　H邸の最大の特徴となっているガレージの上にせり出した持ち出し構造の2階リビングキッチン。この構造を可能にしている強固な梁と筋交いを、壁が張られて見えなくなる前に撮影しておきました。

　使用したデジカメはデジタル一眼のキヤノン 5D markII。全体の様子は超広角レンズのトキナーAT-X 116 PRO DX（11〜16mm F2.8）レンズを、細部のクローズアップはキヤノンEF50mm F2.5 コンパクトマクロレンズを使って撮影しました。

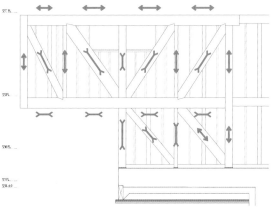

持ち出し部周辺の梁と筋交いの図面。赤い矢印が力のかかる方向を示している

⟷　引っ張り

⟩⟨　圧縮

2階持ち出し部分の非常に太い集成材の梁と筋交いの全体像を超広角レンズで撮影しました。写真の中央の柱から左が持ち出し部分。この柱を中心に左右対称になるように構図しました

筋交いは楔形に柱と梁に食い込まれ、ホームコネクタで強固に接合されています。その接合部の様子を、クローズアップして撮影しておきました

壁が張られると、工夫がちりばめられた持ち出し梁の構造は見えなくなります

持ち出し梁を支える、最も重要な柱と基礎を接合するために基礎に埋め込まれたホームコネクターのアンカー。これも撮影しておきました

撮ったRAWデータを「現像」する

RAWデータを現像するソフトはいくつもあります。1番手っ取り早いのはカメラに添付されているソフトを使うことですが、ほかのメーカーやほかの機種には対応していないので、オールマイティーというわけにはいきません。

筆者は総合的な判断から、Adobe社の「Photoshop Lightroom」を使っていますので、これを例に現像方法を説明します。

STEP1 写真を取り込み、ブラウス（閲覧）する

Photoshop Lightroomは、単にRAWデータを現像するソフトというより、写真を総合的に管理することを目的に設計されています。RAWデータの現像のほか、明るさの調整、色補正、トリミングなどの画像処理、必要なフォーマットにサイズを合わせたり、プリントすることができます。何より、膨大な写真を「いつでも見られる」状態で管理できるので、建築写真の管理には大いに役立つことでしょう。

まず、撮った写真をパソコンに取り込みます。保管場所は問いませんが、「ピクチャ」フォルダに保存すれば迷うことがありません。

次に、Photoshop Lightroomを立ち上げます。[読み込み] ボタンをクリックして取り込んだフォルダーを選択しましょう。読み込み画面の [読み込み] ボタンをクリックすると、読み込みが開始されます。

[ライブラリ] は、写真を「見る・探す・選ぶ・調べる」ときに使います。
右のボックスでは、写真のあらゆる情報が閲覧でき、Exif情報も表示されます

[読み込み] ボタンをクリックすると、読み込み画面に切り替わります

表示を元に戻すときは、[グリッド] ボタンをクリックします

星の数でレーティング（重要度の序列）できます。
この状態は写真が沢山並んだ [グリッド表示] ですが、写真をダブルクリックすると写真が大きく表示されます

STEP2 明るい・暗いの調整

[現像] では、写真を自分好みに仕上げることができます

通常は1画面で表示されますが、2画面で調整前と後を比較しながら作業することもできます

写真を選択して [現像] ボタンをクリックすると、現像モードになります。

ここには、明るい・暗いの調整から、色補正、トリミングなど、写真を自分好みに仕上げるすべての道具が揃っています。

明るい・暗いの調整は、[露光量] のスライドバーを操作するのが簡単です。RAWデータなので、かなりの範囲で補正できます。

STEP3 正しい色に補正する

色温度と色かぶり補正を行うスライダ

ここでは彩度（色の鮮やかさ）を調整できる

写真の色がおかしいときは、[色温度] と [色かぶり補正] を使って補正しましょう。どちらも似たような機能ですが、光源色を補正するときには [色温度]、色の傾向を変えたいときには [色かぶり補正] を使います。

また、[彩度] を調整することで、色の鮮やかさをコントロールすることができます。

撮ったRAWデータを「現像」する

STEP4　トリミングでシェイプアップ

四隅のハンドル。マウスポインタを
近づけて、マウスポインタが♪になっ
たら、斜め補正ができます

「トリミング」とは、写真の
上下左右を切り落とし無駄な
部分をそぎ落とすことで画面
を整えることです。画面四隅
のハンドルと、上下左右のハン
ドルをドラッグして切り落とし
部分を調整します。

　回転も簡単です。マウスポ
インタを四隅のハンドルに近
づけると、マウスポインタの形
が、♪になります。その状態で
ドラッグすると写真の角度が
変わります。

■完成写真

写真が自分好みに仕上がったら、「ライブラリ」に戻り、
写真の［書き出し］をしましょう。
保存する場所、ファイル名、ファイルの保存形式と、写
真の大きさを決めて書き出します。
元データは一切傷付けませんから、何度でもやり直しで
き、幾通りにも書き出すことができます

レタッチソフトで「ゆがみ」を矯正する

レタッチソフトは、画像処理に特化したソフトで、写真の補正・修整・加工・合成などを行うのに適しています。写真の補正は先述のPhotoshop Lightroomで完璧に行えますが、「ゆがみ」を取ることはできません。

レタッチソフトは多くの製品が発売されていますが、ここでは筆者が使っている「Photoshop」を使ったゆがみの補正方法を解説します。

STEP1　［多方向に伸縮］ツールでゆがみをとる

写真をPhotoshopで開いたら、メニューバーの［範囲選択］から［すべてを選択］を選択します。次にメニューバーの［編集］から［変形］－［多方向に伸縮］を選択します（ここではPSDデータで編集しています）。

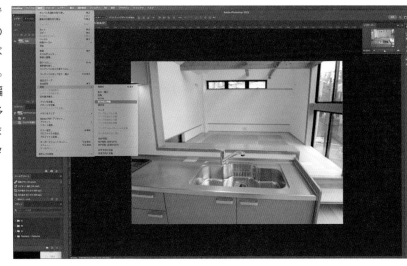

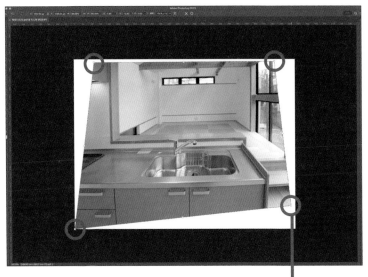

すると、四隅にハンドルができます。このハンドルをドラッグしてみましょう。写真が思い通りの形になることがお分かり頂けると思います。あらかじめ定規（ガイドライン）を設定し、垂直・水平線をつくっておくと調整しやすくなります。

ハンドルが枠からはみ出ると、画質が劣化しますから、ハンドルは枠内に収まるように作業しましょう。

四隅のハンドル。ドラッグすると自由に形を変えることができます

レタッチソフトで「ゆがみ」を矯正する

STEP2　トリミングして写真の形を整える

変形作業が終わったら、トリミングして形を整えます。

変形作業を行うと、どうしても使えない部分が生じます。結果的に画面が小さくなってしまいますが、これはしかたありません。撮影時に超広角レンズを使う理由の1つがここにあります。後は、目的の保存フォーマットで保存します。

■元画像

■完成画像

青空のつくり方

建築写真の良し悪しは天候に大きな影響を受けます。天気のよい青空の下で撮影するのが理想ですが、空と建物の明暗の差が大きいため、太陽の方角や時間によっては、青空が白く飛んで写ってしまうこともあります。

そんな場合は、1枚のRAWデータから建物がきれいに見えるように明るく現像したものと、青空がきれいに見えるように暗く現像した2枚の写真を用意します。この2枚の写真をフォトレタッチソフトで合成することで、空と建物の両方がきれいに写った写真を手に入れることができます。

1枚のRAWデータから、明るい写真（左）と暗い写真（右）の2枚の写真を現像します

明るい写真をコピーして暗い写真にペーストすると、自動的にレイヤーが追加されます

■完成

明るい写真の、空の部分を切り抜きます。Photoshopの場合、[自動選択ツール]を使うと空だけを簡単に選択できます。選択が終わったら、「Delete」キーか「Backspace」キーを押すと、下に隠れていた青空が現れます

さらに、白く飛んだ壁面部分を切り抜きます。この場合、[多角形選択ツール]で切り抜きたい壁面を囲むように1周するのが簡単です。切り抜く部分が複雑な場合、[消しゴム]ツールで消していく方法もあります

でき上がるとこうなります

109

竣工の喜びを共有する

　最初に建て主と会ったときから竣工に至るまで、多くの問題や困難があったことでしょう。作品ができあがったときの喜びは、言葉では言い表せないと思います。

　そんな思いを込めて、建て主に写真を贈呈してみませんか。プロの写真家が撮った写真は素晴らしいに決まっていますが、構想し、設計し、ここまでつくりあげた設計者が撮った写真もまた素晴らしいものです。その写真は、苦労を共にした仲間達にとっても、次の作品への大きな励みになることでしょう。

　ここでは、設計者自身が撮った写真を、筆者が建て主へのプレゼント用に加工した写真を紹介します。

■O邸

暗渠に面した南側は美しい格子状のガラス窓です。昼間は空が映え、夜はやさしい団らんの光が外に溶け出します。春になれば桜が咲き、秋には紅葉も楽しめることでしょう。この2枚の写真には、そんな設計者の思いやりが象徴的に表現されているのではないでしょうか

■H邸

細長い敷地のほぼ中央に白いタイル張りのテラスがあります。重厚な外張り観と対照的な、白を基調としたモダンな空間が拡がっています。立体的に構成された空間によって、プライベートとパブリックが自然に切り分けられている —— そんな設計者の工夫が伝わってきます

chapter 5

デジタル写真の
安全な保管方法

デジタル写真は
必ずバックアップを

デジタル写真はモノでなくデータです。
10年、20年先のことを考えて慎重に管理しましょう。
ポイントは、信頼性・速度・予算の3つです。

ハードディスクはいつか必ず壊れます

恐ろしいことを書くようですが、ハードディスクはいつか必ず壊れます。それが10年後なのか5分後なのか分かりませんが、ある日突然壊れます。「今まで壊れた経験がない」という人も多いとは思いますが、それは単にラッキーなだけと考えるべきです。災害は忘れたころにやってくるものですし、事故はいつでも想定外なものなのですから。

仕事でデジタルデータを扱う以上、大切なデータを失わない対策を今すぐ行うべきです。

ハードディスクが壊れ、大切なデータが失われたときの喪失感は言葉では言い表せません。一瞬頭が真っ白になり、背中にぞっとした汗をかきます

最低限バックアップを

1番危険なのは、ノートパソコン1台ですべての仕事をこなしている人です。ノートパソコンは、うっかり落としただけで、すべてのデータを失う恐れがあります。直ちにデータのコピー（バックアップ）を取るべきです。悪いことはいいません。これだけはしっかりとお願いします。

最もお手軽な方法は、CD-RやDVD-Rにバックアップしておくことです。これらは価格も下がり、1枚100円前後で買える時代ですから、躊躇する理由はありません。USBメモリやメモリカードに保存しておく方法もありますが、筆者がおすすめしたいのは、外付けのハードディスクにバックアップを取っておくことです。単体のハードディスクならかなりの大容量

のものでも1万円を切った価格で購入でき、CD-RやDVD-Rのようにたくさんのディスクを保管する煩雑さもありません。できれば単体のハードディスクよりRAID-1が組み込まれたハードディスクが理想的です（115ページ）。

もし、今使っているパソコンが壊れたら……。と、想像してみてください。最低限、やるべきことに気付くはずです

バックアップは複数、別々の場所に

データの消失で最も深刻なのは、データを保存してある機器やメディアの物理的な破壊です。パソコンやハードディスク、CD-Rなどが火災や地震などの災害で失われてしまうと、復旧は不可能です。

バックアップをより安心なものとするには、保管場所を複数に分けておくことです。会社と自宅、本社と支店といった具合です。

一方で、複数のデータを複数の場所に保管しておくと、セキュリティが脆弱になります。データの数が増えるとそれに触れられる人数も多くなり、データ流出のリスクが高まるからです。バックアップデータは、アクセス権を限定したり、ハードディスクやCD-Rなどのメディアの場合は金庫や施錠したキャビネットに保管するなどの対策をしておきましょう。

これで安心 ♥

会社　　自宅

少しでも異常を感じたら即サルベージ

「パソコンから変な音がする」「保存時にエラーが出る」「保存したデータが急に開かなくなった」などの症状が起きるようになったら、ハードディスクの故障や寿命を疑うべきです。その際にまずやるべきことはデータのサルベージです。サルベージとは沈没した船やその積み荷を引き上げるという意味ですが、ここでは壊れかかったハードディスクから別の場所に、最新のデータを引き上げる（コピーする）ことを指し、要はバックアップと同じです。

いつ壊れるか分からないハードディスクですから、引き上げる順番も大切です。まずは、「そこにしか存在しないもの」「2度と手に入らないもの」から順にバックアップしましょう。復旧可能なOSのデータやアプリケーション（ソフト）は後回しです。仕事のデータから取りかかりましょう。特に写真は取り返しのつかないものなので、最優先です。

外部メディアの安全性とコストパフォーマンス

データのバックアップ方法で留意すべきなのは「信頼性」「速度」「予算」の3つです。この3つを同時に満足させることは難しいですが、2つなら両立できます。

残念ながら100%安全なバックアップ方法は存在しませんが、これらの選択肢を上手に組みあわせて、複数のバックアップを取っておくことで「より安全」を目指しましょう。

CD-R／DVD-R

信頼性	速度	予算
○	×	◎

CD-RやCD-RWは、色素でデータを固定しているので直射日光が大敵。DVD-RやDVD-RWは傷に弱いという欠点があります。ディスクをパソコンに入れてから開くまでに時間がかかり、読み書きの速度も早くありませんが、安いのが魅力。手軽にデータを人に渡せます

ストレージサービス

信頼性	速度	予算
◎	◎	×

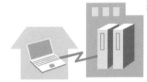

サービス内容と価格は、運営する会社によってまちまちですが、データ管理のプロが運用しているので、最も安全度の高い方法です。データが保管されているデータセンターも分散管理が進み、大地震などの災害に対応できる唯一の方法です

メモリカード／USBメモリ（サムドライブ）

信頼性	速度	予算
◎	◎	△

発売当初の容量は16MB程度でしたが、今では64GBの製品もあり、4,000倍も大容量化しています。読み書きも早く、価格もお手頃感が増しました。しかし、長期保存用にはつくられておらず、過度な書き換えにも対応していません

外付けハードディスク（単体）

信頼性	速度	予算
△	◎	△

読み書きが早く、使用する上でのストレスがありません。価格も安く1TB（テラバイト：1,000GB）で1万円を切った製品もあります。ただし、先述したとおり、いつかは壊れることを覚悟しておかなければなりません

外付けハードディスク（RAID-1）

信頼性	速度	予算
◎	◎	△

単体ハードディスクのリスクを解消したのがRAID-1を組んだハードディスクです。価格は、単体ハードディスクの2倍以上しますが、安全性と快適性を両立できるので、最もおすすめです

MO

信頼性	速度	予算
◎	×	×

MOとは、Magneto Opticalの意。磁気と光を組み合わせて記録するのでデータの安定性が高く、シェル構造体なので物理的にも丈夫です。価格が少々高いことと、専用の機器が必要なので、最近ではあまり使われなくなりました

ＲＡＩＤ-1で安全を確保する

　RAID（レイド）という言葉を、初めて耳にする方も多いと思います。RAIDとは複数台のハードディスクを仮想的に1台のハードディスクとして運用する技術のことです。RAIDには0から6までの種類があり、それぞれに異なる目的で利用されます。開発当初のRAIDはもっぱら、読み書きの速度を上げることに重きを置かれていましたが、「RAID-1」は、データの安全性に寄与する技術なので、「RAID-1」を組み込んだハードディスクをおすすめします。

　「RAID-1」は、複数台のハードディスクを連結させ、同じデータを同時に記録する技術（装置）のことで、「ミラーリング（鏡に映すような）・レイド」とも呼ばれています。1台のハードディスクが壊れても、ほかのハードディスクのデータは残っているので、データを取り出すことができます。価格は2台分のハードディスクより少し高めで、1台分のデータしか保存できませんが、2台同時に壊れる可能性は低いので、安全度が高まります。

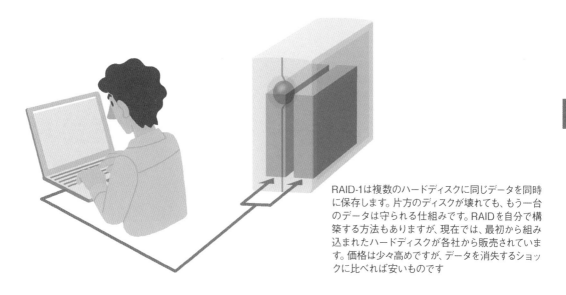

RAID-1は複数のハードディスクに同じデータを同時に保存します。片方のディスクが壊れても、もう一台のデータは守られる仕組みです。RAIDを自分で構築する方法もありますが、現在では、最初から組み込まれたハードディスクが各社から販売されています。価格は少々高めですが、データを消失するショックに比べれば安いものです

ストレージサービスを利用する

　ストレージサービスとは、いわばデータの貸金庫のようなものです。データセンターと呼ばれる（比較的）安全な管理下にあるハードディスクの一部、あるいは1台丸ごとを有料で賃貸するサービスを指します。サービスの形態や費用については各社各様で、さまざまなプランが用意されていますので、インターネットで検索してみてください。

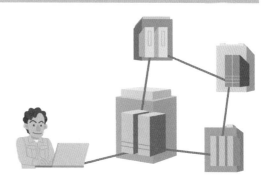

結局、どうバックアップを使い分ければよいのか？

　いくつかのバックアップの手法を解説しましたが、結局完璧な方法はありません。ですから、写真を撮ってから整理や編集作業が終わって保管するまで、それぞれの段階に合ったバックアップを使い分けるのが理想です。ここではその具体例を紹介します。

　ここで紹介するすべてのバックアップ手法を取り入れると、データの安全度はかなり高まります。仕事でデータを扱う以上、「データが消えた」ではすまされないこともあるので、せめて1つの手法だけでも取り入れておくことをおすすめします。

❶ 写真を撮ったらまず CD-RやDVD-Rにバックアップ

撮影したメモリカードをパソコンに取り込む際には、CD-RやDVD-Rなどにもデータコピーしておきましょう。いらないと思った失敗写真も、後から必要になることもあるので、撮った写真はすべてバックアップを取っておくと安心です。

メモリーカードが一杯になったら、失敗写真も含め、メモリカードの中身を丸ごとコピーしておきましょう

❷ 作業中の写真データは RAID-1でバックアップ

写真の選定や補正作業中の写真データは、読み書きがストレスなく行えるRAID-1の外付けハードディスクに保管しておくのがおすすめです。

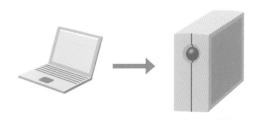

ある程度作業が進んだら、パソコンのデータを外付けのハードディスクにコピーしましょう

❸ 作業の終わった写真データは 場所を変えて保管

いくら安全なRAID-1とはいえ、火災や盗難にあって物理的に破壊されたり紛失すれば、写真データは失われてしまいます。作業が終わった写真データは、別の外付けハードディスクやDVD-Rなどにバックアップを取り、RAID-1とは違う場所に保管しておけば、より安心です。

データは、場所を変えて保管します。機密性の高いデータにはセキュリティをかけておきましょう

❹ 本当に大切な写真データは ストレージサービスに保管

絶対に失いたくない写真データは、最も安心なストレージサービスに保管しておくとよいでしょう。利用料などのコストはかかりますが、大きな災害の際にも安心です。

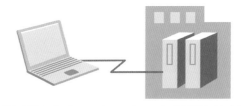

最も重要なデータは、ストレージサービスを利用すると安心です

chapter 6

工事写真と
i-Construction

これからの工事写真

国土交通省が平成27年に発表した「i-Construction（アイ・コンストラクション）」は、
建設土木業界に大いなる変革をもたらしました。
ICTを導入し、建設生産システム全体の生産性向上を図るばかりでなく、
もっと魅力ある建設現場を目指しています。
工事写真もその流れに乗り、新しいディバイス（装置）やシステム、
現実に即した規制緩和などが進行し、新しい流れが生まれています。

用 語 解 説 **ICT (Information and Communication Technology)**

ITと同義語ですが、ICTでは情報・知識の共有に力点があり、「人と人」「人とモノ」の情報伝達といった「コ
ミュニケーション」がより強調されています。建設現場ではICTを活用した情報化施工を行うことで、施工の
効率化・合理化、安全性や品質の向上、工期短縮などが期待されています。

---

i-Constructionで工事写真はどう変わるか

　いうまでもなく、工事写真は証拠写真であり、信憑性が最も大事です。デジタル写真の黎明期には、容易に改ざんできるという理由で、導入に反対する意見も多く、実際に改ざんされた写真が発覚した時は大問題になりました。

　利便性と安全性はいつも相反関係にあります。令和3年9月に発足したデジタル庁の最初の仕事がフロッピーディスクの廃止だったことは記憶に新しいと思います。確かに、電子メールにデータを添付するより、フロッピーディスクを手渡しした方が安全でしょうが、それでは今どき仕事になりません。

　安全を最優先とする国土交通省にとって、工事写真の利便性を上げることには大きなジレンマがあったことでしょう。幸いにして民間の企業から秀逸な改ざん防止システムが開発されたことで、写真における利便性と信頼性は両立を果たしました。

　i-Construction の概念は幅広く、業態によってもさまざまですが、本章では、多岐にわたる利活用の中から、特に工事写真に関係するトピックをまとめてみました。

少しずつ、規制緩和が進む

時代は刻々と変化し、新しい問題に対応する「レジリエンス（回復力・適応力）」が求められています。令和5年3月に改訂された「デジタル写真管理情報基準」には動画ファイルが加わり、写真のファイル形式にSVGが追加されました。つまり、見るだけの写真からデータとして活用できる可能性に言及しているのです。「写真の撮り方」に影響しないので、詳細は割愛しますが、規制緩和は少しずつ進んでいます。

また、少子高齢化による、現場の人手不足は深刻です。「一人親方」と言われる職人単独の現場も増えています。いかにして、少ない人数で効率良く、しかも安全に工事を遂行できるか、あらゆる方法でそれらの問題を解決する必要があり、そのための規制緩和もさらに進むでしょう。

> 用語解説 **SVG**
> **(Scalable Vector Graphics)**
>
> JPEGがラスタ画像なのに対し、SVGはベクタ画像（☞79ページ）で、拡大しても画像が乱れません。また、JPEGは見るだけですが、SVGならレイヤー上にCAD図面などを保持できるので、データとして活用できるようになります。

黒板を入れた工事写真の撮影を、一人で行うのは大変です

ソフトウエアとの連携で効率化する

たとえばソフトウエアを使って、撮影計画のリストや撮影箇所の図面をカメラで呼び出すことができれば、紙や他のディバイスを使う必要はありません。撮影箇所と図面が紐付けされていれば齟齬も減ります。i-Constructionのシナジー効果はさまざまな効率化を生み出しています。

断面図呼び出し

建築工事写真管理システム
「PHOTOMASTER Plus」
ダットジャパン（株）

写真の仕分け・整理なども、専用ソフトを使えば正確で、しかも省力化できます

クラウドと電子小黒板

建築の現場では、似たような被写体が延々と続きます。大きなビルの工事現場ではなおさらです。写真撮影時は、たいてい現場全体が忙しく、せめて黒板を書く手間を省きたいところ。この手間を解消するため、タブレットとクラウドを使った電子小黒板の活用が拡がっています。

② データベースから黒板のイメージを生成し、ユーザーの端末に送信

工事計画書に基づき作成されたデータベースと連結して、電子小黒板を作成

(仮称) 松本マンション新築工事	
工種	鉄筋工事
位置	G. 8
日付	2018年　4月14日
場所	東棟9F柱
記号	C8
形状	500×500
主筋	8-D22
フープ	D13@100
備考	

※写真は合成したイメージです

黒板を書き換えて撮影するのは大変です

① 撮影位置を確認

③ 指定の位置に黒板が表示され、現場で撮影すると、現場の写真と黒板が合成される

用語解説 **クラウド**

クラウド（クラウドコンピューティングの略称）とは、インターネットを経由して提供されたサービスを、ブラウザやアプリの形で利用する形態のことです。実体がまるで雲の上にあるように感じることから「雲（クラウド）」と名付けられました。現在では写真管理上、なくてはならないサービスになりつつあります。

雲（クラウド）

ユーザー　　会社

電子小黒板は連携ソフトやクラウドで

国土交通省は、「デジタル工事写真の小黒板情報電子化について」を発表しています。目的は、現場撮影の省力化、写真整理の効率化、工事写真の改ざん防止です。長年の現場からの要求に、信頼できる改ざん防止技術が実用化したことで実現しました。

電子小黒板は工事専用カメラへの搭載はもちろん、専用ソフトやクラウドを使えばタブレットやスマホとの連携も可能です。

デジタル工事写真の小黒板情報電子化について
【国営建技第14号】

https://www.mlit.go.jp/gobuild/content/001589799
.pdf

補足解説 黒板は事前に作成しておく

合成する電子小黒板は、事前に専用ソフトで作成しておくことで大幅な効率化を図ることができます。各社からさまざまなソフトが開発されています。

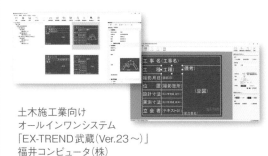

土木施工業向け
オールインワンシステム
「EX-TREND武蔵（Ver.23～）」
福井コンピュータ(株)

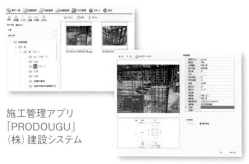

施工管理アプリ
「PRODOUGU」
(株)建設システム

新しいテクノロジーを活用する

GPSはカーナビをはじめ、生活になくてはならないインフラになりました。さらに衛星航法補強システムを利用することで、その精度は大幅に向上しています。このようなインフラの進化は、工事写真においても大きなメリットをもたらしています。

例えば、GPSとカメラやドローン（無人航空機）との連携によって、以前は大変だった明確なランドマークがない場所での調査や進捗記録などが、正確かつ簡単にできるようになりました。

人工衛星
（GPS）

GPS付きカメラ
撮影した場所が正確に記録されます

ドローン
GPSによって正確に移動できます

現場の写真に黒板を合成

黒板の挿入が難しい現場はたくさんあります。そうでなくても、工事現場では慢性的な人手不足が続き、黒板を的確に保持・挿入することが困難になっています。このため黒板撮影に

は、より簡便な撮影方法が期待されていました。現在では、信憑性確認（改ざん検知機能）を有するカメラやソフトなら、現場写真に黒板画像を合成できるようになりました。

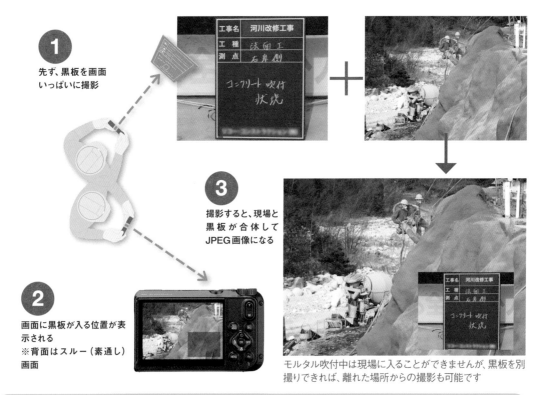

1 先ず、黒板を画面いっぱいに撮影

+

2 画面に黒板が入る位置が表示される
※背面はスルー（素通し）画面

3 撮影すると、現場と黒板が合体してJPEG画像になる

モルタル吹付中は現場に入ることができませんが、黒板を別撮りできれば、離れた場所からの撮影も可能です

補足解説 **J-COMSIAの「小黒板情報連携機能検定」と「信憑性確認（改ざん検知機能）検定」**

J-COMSIA（一般社団法人 施工管理ソフトウェア産業協会）は、国土交通省が提唱する建設DX、i-ConstructionやBIM/CIM及び内閣府が提唱するSociety5.0などの建設現場の生産性革命を施工管理ソフトウェアの側面より推進する産業団体です。電子小黒板の利用には、J-COMSIAの「デジタル工事写真の小黒板情報連携機能検定」に合格している機器・ソフトの使用が前提になります。

また、上記のような現場写真に黒板画像を合成した写真を官公庁や発注者側に提出するときに「非改ざん証明」を求められることがあります。その場合、「デジタル工事写真の信憑性確認（改ざん検知機能）検定」に合格しているソフトで「非改ざんの確認後の使用」であることが前提です。

詳しくは、https://www.jcomsia.org/kokuban/ で確認してください。

GPSとドローン

　近年の工事写真において、もっとも画期的なテクノロジーはGPSとドローンでしょう。市街地であれば正確な地図もありますが、山中ではどうしようもありません。これまでは道なき道を登山し、立体的な三次元地図を作るだけでも大変な時間と労力を費やしていましたが、GPSとドローンはこのような調査の手間を格段に減らしました。これらのテクノロジーを上手に利用して、効率化を目指しましょう。

より正確になったGPS機能

　最新の工事専用カメラはGPSを搭載し、「みちびき」や「GLONASS」などの衛星測位システムに対応しています。さらに、衛星航法補強システム「SBAS」信号を利用することで、さらなる高精度化を実現しました。GPSとカメラの進化によって、静止画だけでなく動画にもGPSログを1秒ごとに記録させたり、カメラの日時設定をGPS情報の日時に補正させることができるようになりました。また、GPSロック（GPSの情報をいったん記憶できる機能）を使えば、対象物の位置情報の記録も可能です。

人工衛星

1 GPSの情報を
取得する

2 対象物（被写体）に近づき、
GPSロックを掛ける

GPSボタン
ﾋﾟｯﾋﾟｯ

3 撮影場所に戻り、被写体を
撮影する

4 GPS情報とともに、
撮影した画像を確認する

確認

ドローンの活用領域が広がる

工事現場、特に土木工事におけるドローンの優位性は論を待ちません。目（カメラ）が空を飛ぶわけですから、利用範囲は広く大いに役に立ちます。危険をともなう場所にもあっという間に到達し、上空から鳥瞰することで、現場の様子を客観的にとらえることができます。ドローンを使った技術は、三次元測量、上空からの進捗の確認、出来形撮影などに活用されています。

令和3年9月24日、航空法施行規則の一部改正によって、今まで許可承認が必要だった飛行の一部が条件付きで緩和されました。条件とは「係留」と「立入管理措置」（☞126ページ）のことで、その両方を行えば許可や承認がなくても飛ばせるケースが増えました。これにより、高所での調査やメンテナンスが容易になり、建築現場での活躍の場もさらに広がることでしょう。

ドローンを飛ばすための基本ルール

ドローンは自由に飛ばせるわけではありません。重たいものが空を飛ぶのですから、「ドローンは落ちる」という前提で、機体の性能や操縦技術を過信せずに運用すべきです。

以下に紹介する規則は、すべては「安全」のためです。ドローンの特殊性から規制のよりどころが多岐にわたりますが、それぞれの主旨をよく理解しながら安全に運用してください。

「航空法」による規制

飛べない空域

空港等周辺の上空

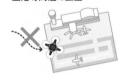

当たり前のことですが、飛行場のそばは飛ばせません。米軍の基地周辺も同様です。ヘリポートにも注意しましょう

150m以上の空域

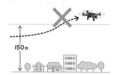

地表から150m以上の空域は飛ばせませんが、高層構造物から30m以内であれば、飛行可能になりました

人口密集地の上空（条件付き緩和）

人口集中地区（DID）の上空は飛ばせません。条件（係留と立入管理措置）を満たせば飛行可能になりました

緊急用務空域

消防活動や捜索・救助などの緊急用務を行う航空機の飛行が想定される場合、そのエリアの飛行は原則禁止です

やってはいけない飛行方法

夜間飛行（条件付き緩和）

機体を目視できない夜間の飛行は原則禁止ですが、条件（係留と立入管理措置）を満たせば許可不要で飛行可能になりました

目視外飛行（条件付き緩和）

原則、肉眼で見える範囲しか飛ばせませんが、条件（係留と立入管理措置）を満たせば許可不要で飛行可能になりました

30m未満の飛行（条件付き緩和）

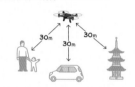

飛行時は人や物件との間に30m以上の距離が必要ですが、条件（係留と立入管理措置）を満たせば許可不要で飛行が可能です

イベント上空の飛行

人が集まるイベントではもってのほか。許可・承認には、主催者・警察・消防・自治体などの関係各所でていねいな説明が必要です

危険物の運送

撮影のためのドローンの飛行にはあまり関係ありませんが、「危険物の輸送」をしないことが定められています

物件投下（条件付き緩和）

「物件投下」とは空中で物を切り離す行為です。条件（係留と立入管理措置）を満たせば許可不要で飛行可能になりました

※「航空法」は、バッテリーを含む総重量が100gを越えるドローンに適用されます。その他、上記以外にも飛行のルールがあります。詳しくは国土交通省のホームページ「無人航空機（ドローン・ラジコン機等）の飛行ルール」などで確認してください。

許 可・承 認 が 不 要 に な る 飛 行 条 件

　近年、ドローンの性能は向上し、その利用範囲も広がっています。世の中が便利になり新しい産業が創出されることは歓迎されるべきですが、その一方で航空機の安全が損なわれたり、地上の人や建物などに危害が及ぶことがあってはなりません。

　国土交通省は令和5年1月に「無人飛行機（ドローン・ラジコン機等）の安全な飛行のためのガイドライン」を改訂しました。このガイドラインにも記載され

ていますが、ドローンの飛行時に「係留」と「立入管理措置」を行えば、「人口密集地上空の飛行」や「夜間飛行」、「目視外飛行」、「30m以内の飛行」、「物件落下」（☞125ページ）が許可・承認不要で、飛行可能になりました。「空港等周辺」、「緊急用務空域」、「150m以上の空域」、「イベント上空」、「危険物輸送」は引き続き許可・承認が必要です。また、飛行禁止空域の見直しも行われています。

補足解説 ドローンの係留

　「係留」とは、つなぎ止めることです。ドローンは丈夫な紐（長さは30m以内）などでつなぎ、一方は固定する必要があります。自動車などの移動する物件につないだり、人が紐などを持ってドローンを飛ばす行為は「えい航」にあたり係留に該当しません。

　右図のように、物件に沿って主索を配置し、ドローンをスライド環などで連結索につなぐ飛行は係留とみなされます。

補足解説 立入管理措置

　ドローンの飛行可能な範囲には第三者が入らないように措置を講ずる必要があります。立入を制限する看板やコーンを置いたり、補助者による監視や警告などを行いましょう。

補足解説 飛行禁止空域の見直し

　地表または水面から150m以上の空域は原則飛行禁止ですが、150mを超えていても、物件から30m以内の空域は飛行禁止空域から除外されました。ただし、空港等の周辺及び緊急用務空域については、物件から30m以内であっても引き続き許可が必要です。また、人口集中地区にかかるようであれば、当該手続きが必要です。

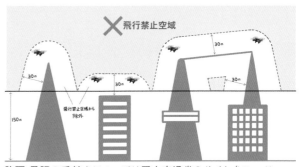

許可・承認の手続きについては国土交通省のサイト（https://www.mlit.go.jp/koku/koku_fr10_000042.html）で確認してください

付録1／国土交通省

デジタル写真管理情報基準
令和5年3月版

（出典）国土交通省「電子納品に関する要領・基準」http://www.cals-ed.go.jp/

1 適用

「デジタル写真管理情報基準」（以下「本基準」という）は、写真（工事・測量・調査・地質・広報・設計）の原本を電子媒体で提出する場合の属性情報等の標準仕様を定めたものである。

2 フォルダ構成

写真の原本を電子媒体で提出する場合のフォルダ構成は、以下のとおりとする。

なお、「PHOTO」フォルダ以外のフォルダ構成については、電子納品等の運用を定める各ガイドラインによる。

・「PHOTO」フォルダの直下に写真管理ファイルと「PIC」及び「DRA」のサブフォルダを置く。なお、DTD及びXSLファイルもこのフォルダに格納する。ただし、XSLファイルの格納は任意とする。

・「PIC」とは、撮影した写真ファイルを格納するサブフォルダを示し、「DRA」とは、参考図ファイルを格納するサブフォルダを示す。

・参考図とは、撮影位置、撮影状況等の説明に必要な撮影位置図、平面図、凡例図、構造図等である。

・参考図がない場合は「DRA」サブフォルダは作成しなくてもよい。

・フォルダ名称は半角英大文字とする。

・写真フォルダ（PIC）及び参考図フォルダ（DRA）直下に直接対象ファイルを保存し、階層分けは行わない。

3 写真管理項目

電子媒体に格納する写真管理ファイル（PHOTO.XML）に記入する写真管理項目は下表に示すとおりである。

表3-1 写真管理項目

分類	項目名	記入内容	データ表現	文字数	記入者	必要度
基礎情報	写真フォルダ名	写真ファイルを格納するフォルダ名称（PHOTO／PICで固定）を記入する。	半角英大文字	9固定	▲	◎
	参考図フォルダ名	参考図ファイルを格納するために「DRA」サブフォルダを作成した場合はフォルダ名称（PHOTO／DRAで固定）を記入する。	半角英大文字	9固定	▲	○
	適用要領基準	電子成果品の作成で適用した要領・基準の版（「土木202003-01」で固定）を記入する。（分野：土木、西暦年：2020、月：03、版：01）	全角文字半角英数字	30	▲	◎

分類		項目名	記入内容	データ表現	文字数	記入者	必要度
写真情報 ※	写真ファイル情報	シリアル番号	写真通し番号。提出時の電子媒体を通して、一連のまとまった写真についてユニークであれば、中抜けしてもよい。123枚目を、"000123"の様に0を付けて記入してはいけない。	半角数字	7	▲	◎
		写真ファイル名	写真ファイル名称を拡張子も含めて記入する。	半角英数大文字	12固定	▲	◎
		写真ファイル日本語名	写真ファイルに関する日本語名等を記入する。	全角文字半角英数字	127	□	△
		メディア番号	一連のまとまった写真について、保存されている電子媒体番号を記入する。単一の電子媒体であれば、全て"1"となる。	半角数字	8	□	◎
	撮影工種区分	写真-大分類	写真を撮影した業務の種別を「工事」「測量」「調査」「地質」「広報」「設計」「その他」から選択して記入する。工事写真は常に「工事」と記入する。	全角文字半角英数字	8	□	◎
		写真区分	写真管理基準(案)の分類に準じ、「着手前及び完成写真」(既済部分写真等を含む)「施工状況写真」「安全管理写真」「使用材料写真」「品質管理写真」「出来形管理写真」「災害写真」「事故写真」「その他」(公害、環境、補償等)の区分のいずれかを記入する。 大分類が「工事」ではない場合は、自由記入とし、大分類が「工事」で「提出頻度写真」ではない場合は、記入は不要とする。	全角文字半角英数字	127	□	○
		工種	土木工事の場合、工種以下の分類が明確で記入可能であれば、新土木工事積算体系のレベル2「工種」を記入する。 大分類が「工事」ではない場合は、自由記入とし、大分類が「工事」で「提出頻度写真」ではない場合は、記入は不要とする。	全角文字半角英数字	127	□	○
		種別	土木工事の場合、工種以下の分類が明確で記入可能であれば、新土木工事積算体系のレベル3「種別」を記入する。 大分類が「工事」ではない場合は、自由記入とし、大分類が「工事」で「提出頻度写真」ではない場合は、記入は不要とする。	全角文字半角英数字	127	□	○
		細別	土木工事の場合、工種以下の分類が明確で記入可能であれば、新土木工事積算体系のレベル4「細別」を記入する。 大分類が「工事」ではない場合は、自由記入とし、大分類が「工事」で「提出頻度写真」ではない場合は、記入は不要とする。	全角文字半角英数字	127	□	◎
		写真タイトル	写真の撮影内容がわかるように、写真管理基準(案)の撮影項目、撮影時期に相当する内容を記入する。	全角文字半角英数字	127	□	◎
		工種区分予備	工種区分に関して特筆事項があれば記入する。(複数記入可)	全角文字半角英数字	127	□	△

分類		項目名	記入内容	データ表現	文字数	記入者	必要度
写真情報※	付加情報※	参考図ファイル名	撮影位置図、凡例図等の参考図のファイル名を記入する。黒板に記した図の判読が困難となる場合、又は当該写真に関し、撮影位置、撮影状況等を説明するために位置図面または凡例図等の参考図を受注者が作成している場合に記入する。	半角英数大文字	13	▲	◎
		参考図ファイル日本語名	参考図ファイルに関する日本語名等を記入する。	全角文字半角英数字	127	□	○
		参考図タイトル	参考図の内容が判るようなタイトルを記入する。黒板に記した図の判読が困難となる場合、又は当該写真に関し、撮影位置、撮影状況等を説明するために位置図面または凡例図等の参考図を受注者が作成している場合に記入する。	全角文字半角英数字	127	□	◎
		付加情報予備	参考図、撮影箇所等に関して特筆事項があれば記入する。(複数記入可)	全角文字半角英数字	127	□	△
	撮影情報	撮影箇所	当該写真に関する測点位置、撮影対象までの距離、撮影内容等を簡潔に記入する。撮影位置図上に複数撮影位置が記載されている場合には、位置図上の記号等を記入する。	全角文字半角英数字	127	□	○
		撮影年月日	写真を撮影した年月日をCCYY−MM−DD方式で記入する。月または日が1桁の数の場合「0」を付加して、必ず10桁で記入する。(CCYY：西暦の年数，MM：月，DD：日)例) 平成20年12月3日 →2008−12−03	半角数字−(HYPHEN−MINUS)	10 固定	□	◎
		代表写真	写真管理基準(案)の撮影箇所一覧表に示される提出頻度が不要以外の写真の中から工事の全体概要や当該工事で重要となる代表写真の場合、「1」を記入する。代表写真でない場合は「0」を記入する。	半角数字	1 固定	□	◎
		提出頻度写真	写真管理基準(案)の提出頻度に基づく写真である場合、「1」を記入する。それ以外の場合は「0」を記入する、	半角数字	1 固定	□	◎
		施工管理値	黒板の判読が困難な場合、設計寸法及び実測寸法等の補足事項を記入する。	全角文字半角英数字	127	□	○
		受注者説明文	受注者側で検査立会者、特筆事項等があれば記入する。	全角文字半角英数字	127	□	△
ソフトメーカ用TAG			ソフトウェアメーカが管理のために使用する。(複数記入可)	全角文字半角英数字	127	▲	△

全角文字と半角英数字が混在している項目については、全角の文字数を示しており、半角英数字2文字で全角文字1文字に相当する。
【記入者】 □：電子成果品作成者が記入する項目
　　　　　　▲：電子成果品作成ソフト等が固定値を自動的に記入する項目
【必要度】 ◎：必須記入。
　　　　　　○：条件付き必須記入。(データが分かる場合は必ず入力する)
　　　　　　△：任意記入。
※複数ある場合にはこの項を必要な回数繰り返す。

【解説】

- 写真管理項目は、写真の電子データファイルを検索、参照するなど活用していくための属性項目である。
- 写真管理項目のデータ表現の定義は、「9-2 使用文字」に従う。
- 付属資料1[※]に管理ファイルのDTD、付属資料2[※]に管理ファイルのXML記入例を示す。
- 工種、種別、細別の各項目は、新土木工事積算体系にない土木工事や他の工事の場合には、対応するレベルのものを正しく記入する。
- 写真区分ごとに工種、種別、細別の記入可否は異なる。写真区分ごとの記入可否の目安は、表3-2のとおりである。
- 「代表写真」の項目には、当該工事の概要が把握できる、または重要な写真である場合に「1」を記入する。代表写真でない場合は「0」を記入する。

表3-2　工種区分の記入可否の目安

写真区分	工 種	種 別	細 別
着手前及び完成写真	×	×	×
施工状況写真	△	△	△
安全管理写真	△	×	×
使用材料写真	△	△	△
品質管理写真	○	△	△
出来形管理写真	○	△	△
災害写真	×	×	×
その他	×	×	×

(○：記入、△：記入可能な場合は記入、×：記入は不要とするが、任意の記入も可)

※ 本書には付属資料は掲載していません。付属資料は国土交通省「電子納品に関する要領・基準」http://www.cals-ed.go.jp/ でご確認ください。

4　ファイル形式

ファイル形式は、以下のとおりとする。
- 写真管理ファイルのファイル形式はXML形式(XML1.0に準拠)とする。
- 写真ファイルの記録形式は日本産業規格(JIS)に示されるJPEG、TIFFやSVG形式等とし、撮影モードによる圧縮比がある場合は、「標準(BASIC、約1/16圧縮)」とする。動画のファイル形式については、監督職員の承諾を得た上で使用する。
- 動画ファイルの記録形式は日本産業規格(JIS)に示されるMP4形式等とする。
- 参考図ファイルの記録形式はJPEG、TIFFもしくはSVG形式とする。JPEGの圧縮率、撮影モードは監督(調査)職員と協議の上決定する。TIFFは図面が判読できる程度の解像度とする。
- 写真管理ファイルのスタイルシートの作成は任意とするが、作成する場合はXSLに準じる。

【解説】

- 本基準「2 フォルダ構成」に示したように、写真管理ファイルのファイル形式はXML形式とする。
- 写真管理ファイルの閲覧性を高めるため、スタイルシートを用いてもよいが、XSLに準じて作成する。スタイルシートを作成した場合は、管理ファイルと同じ場所に格納する。

- 写真ファイルと参考図ファイルの記録形式は、監督(調査)職員の承諾を得た上で、JPEG(JIS X 4301:1995)、TIFF(JIS X 9205:2005)、SVG(JIS X 4197:2012)以外の形式とすることができる。
- 動画ファイルの記録形式は、監督(調査)職員の承諾を得た上で、MP4(JIS X 4332:2002)以外の形式とすることができる。

5　ファイル命名規則

- ファイル名・拡張子は、半角英数大文字とする。
- ファイル名8文字以内、拡張子3文字以内とする。

- 写真管理ファイルは「PHOTO.XML」とし、写真管理ファイルのDTDは「PHOTO05.DTD」(05は版番号)とする。
- 写真管理ファイルのスタイルシートのファイル名は「PHOTO05.XSL」とする。
- 写真ファイルの命名規則は次図の通り。

図5-1　写真ファイルの命名規則

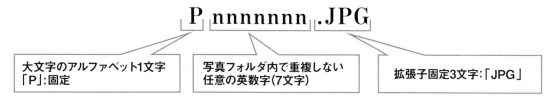

- 参考図ファイルの命名規則は次図の通り。

図5-2　参考図ファイルの命名規則

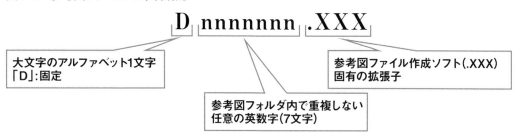

【解説】

ファイル名の文字数は、半角(1バイト文字)で8文字以内、拡張子3文字以内とする。参考図ファイルの拡張子は4文字でもよい。ファイル名に使用する文字は、半角(1バイト文字)で、大文字のアルファベット「A〜Z」、数字「0〜9」、アンダースコア「_」とする。

オリジナルファイルの通し番号は、工事の経緯がわかるように日付昇順に付番することを基本とする。ファイル名は連番により、ファイルを区別することを基本とするが、欠番があっても構わない。

6 写真編集等

写真の信憑性を考慮し、写真編集は認めない。

7 有効画素数

有効画素数は、黒板の文字が確認できることを指標とする。

【解説】

- 有効画素数は、黒板の文字及び撮影対象が確認できることを指標(100〜300万画素程度=1,200×900程度〜2,000×1,500程度)として設定する。

- 不要に有効画素数を大きくすると、ファイル容量が大きくなり、電子媒体が複数枚になるとともに、操作性も低くなるので、目的物及び黒板の文字等が確認できる範囲で適切な有効画素数を設定する。

8　撮影頻度と提出頻度の取り扱い

　写真の原本を電子媒体で提出する場合は、写真管理基準に示される撮影頻度に基づくものとする。

9　その他留意事項

9.1 ウイルス対策

・受注者は、写真を電子媒体に格納した時点で、ウイルスチェックを行う。
・ウイルス対策ソフトは特に指定はしないが、信頼性の高いものを利用する。
・最新のウイルスも検出できるように、ウイルス対策ソフトは常に最新のデータに更新（アップデート）したものを利用する。
・電子媒体の表面には、「使用したウイルス対策ソフト名」、「ウイルス（パターンファイル）定義年月日またはパターンファイル名」、「チェック年月日（西暦表示）」を明記する。

9.2 使用文字

・本規定は、管理ファイル（XML文書）を対象とする。
・使用できる半角文字は、JIS X 0201で規定されている文字から片仮名用図形文字を除いたラテン文字用図形文字のみとする。
・使用できる全角文字は、JIS X 0208で規定されている文字から数字とラテン文字を除いた文字のみとする。

【解説】

(1) 写真管理ファイルのデータ表現形式

　使用文字の一般原則は上記の通りであり、写真管理ファイルでの文字の表現は、一般原則に従っている。以下に、写真管理ファイルでの文字の表現方法を解説する。

　1) 全角文字

　　写真管理ファイルのデータ表現形式に示す「全角文字」とは、JIS X 0208で規定されている文字から数字とラテン文字を除いた文字をいう。すなわち、全角文字には、漢字、数字、ラテン文字（a～z、A～Z）、ギリシャ文字、記号などがあるが、このうち全角の数字、ラテン文字は使用できない。全角文字を使用する項目では、必ず半角英数字も合わせて使用できるので、「平成22年」といったデータでは "22" を半角文字とする。

　2) 半角英数字

　　同じく「半角英数字」とは、JIS X 0201で規定されている文字から片仮名用図形文字（半角カタカナ、日本語文で使用する半角の記号（句点(。)、カギ括弧(「)、(」)、読点(、)、中点(・)、濁点(゛)、半濁点(゜)))を除いた文字をいう。

　3) 半角英数大文字

　　同じく「半角英数大文字」とは、「半角英数字」からラテン小文字 (a～z) を除いた文字をいう。半角英数大文字を使用する項目は、フォルダ名やファイル名といった命名規則が決められている場合であるので、命名規則に従ってデータを入力する。

　4) 半角数字

　　同じく「半角数字」とは、JIS X 0201で規定されている文字のうち、数字 (0～9) 及び小数点 (.) をいう。

(2) 留意事項

　機種依存文字（例えば、丸囲い数字、ローマ数字、㈱、№、kg、㎡、地名や人名等の特殊漢字等）、利用者が独自に作成した外字等は、他の端末では表示できない場合もあるので使用しない。また、数字やラテン文字も全角、半角を混在して使用すると検索する上で問題となるため、数字やラテン文字は半角文字で統一する。

付録2／ホワイトバランス調整用グレーターゲット

使 い 方

❶ 撮りたい光源の下で、ホワイトバランス調整用グレーターゲットを撮りたい被写体にできるだけ近づけてください。

❷ ホワイトバランス調整用グレーターゲットの中心でカスタムホワイトバランスを合わせます。

❸ デジカメの液晶画面に写るホワイトバランス調整用グレーターゲットが、白から黒まで自然な発色になっていれば成功です。うまくいかない場合は、何度でもやり直しましょう。

※カスタムホワイトバランスの合わせ方は、それぞれのデジカメの説明書で確認してください。

デ ジ カ メ の 操 作（リコー G900、「CALSモード」の場合）

[MENU] ボタンを押すと [撮影設定] メニューに入ります。
▼ボタンを7回押して、[ホワイトバランス] を選択します。
▶ボタン1回押しで [ホワイトバランス] 設定画面になります。
▲▼ボタンで、[マニュアルWB] を選択します。
デジカメをホワイトバランス調整用グレーターゲットの中心に向けて [Fn] ボタンを押してください。
グレーターゲットの色が、白から黒まで自然に発色しているか確認します。納得いかないときには、再度[Fn]ボタンを押してください。何度でもやり直しすることができます。
[OK] ボタンを押せば完了です。
※撮影が終わったら、[オートWB] に戻しておくことをおすすめします。

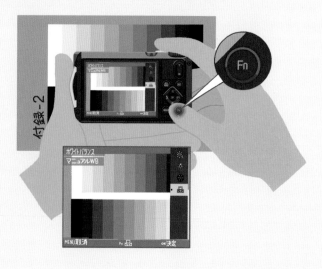

INDEX

135

写真・著 **中野 裕（なかの ひろし）**

プロフィール

1955年9月	福岡県久留米市生まれ
1976年3月	東京写真専門学校（現東京ビジュアルアーツ）森山大道ゼミ卒業
	写真家「中島 満」氏に師事
	立川米空軍基地内で写真展開催
1979年9月	渡米、ニューヨーク市フォトワークショップにて近代写真を学ぶ
1981年	広告制作会社入社
	コニカ（現コニカミノルタ）と契約
1989年9月	コニカより「工事写真の撮り方」発行
1990年7月	コニカより「工事写真の撮り方 Part2」発行
1994年4月	久留米市石橋美術館にて写真展「BOOM」開催
	写真集「BOOM」発行
1994年6月	渋谷区ギャラリーにて写真展「BOOM」開催
1998年9月	「ナカノスタジオ有限会社」設立
1998年11月	コニカより「デジタル時代の工事写真」上梓、一部が国土交通省の教育資料として採用される
2004年1月	リコーより「CALS/EC時代の工事写真」発行
2005年4月	学研より「デジタル写真教室」発行
2009年3月	写真の町：PHOTOVILLPUBLISHINGより「品格ある作品づくりのための、ストロボの使い方」発行
2009年6月	愛知県豊橋市にて写真展「手筒花火～故郷を守る男達の肖像～」開催
2010年9月	リコーより「基礎から学ぶ現場写真」発行
2012年5月	写真の町より「旅の途中1／一眼レフで旅する人へ」発行
2015年5月	電子書籍「ライティングバイブル（ポートレート／ブライダル編）」発行
2018年8月	としまセンタースクエアにて特別写真展「懐かしい未来」開催

Special Thanks

O邸
瀬野和広（瀬野和広＋設計アトリエ）
和田博雄（瀬野和広＋設計アトリエ　デザインパートナー）
大滝建設

三輪勝弘（一般社団法人 パブリックサービス 上席調査役）
谷田正人（株式会社 シーエム総研）

H邸
中村和基（LEVEL Architects）
出原賢一（LEVEL Architects）
渋谷真弘（LEVEL Architects　パートナー）
加藤征寛（MID研究所）
牧 聖也（MID研究所）
アセンティアホーム

最高の工事写真の撮り方 令和改訂版

2023年7月13日 初版第1刷発行

著者	中野 裕
発行者	澤井聖一
発行所	株式会社エクスナレッジ
	〒106-0032　東京都港区六本木7-2-26
	https://www.xknowledge.co.jp/

問合せ先

編集	Tel 03-3403-5898／Fax 03-3403-0582／info@xknowledge.co.jp
販売	Tel 03-3403-1321／Fax 03-3403-1829